La Cuisine Italienne 2023

Les meilleures recettes pour découvrir la richesse de la gastronomie italienne

Giuseppe Bianchi

TABLE DES MATIÈRES

Fettuccine aux légumes printaniers 9

Fettuccine à la crème de gorgonzola 11

Tagliarini au pesto, façon Gênes 13

Fettuccine aux artichauts 15

Fettuccine aux filets de tomates 18

Fettuccine aux mille herbes 20

Fettuccine à la saucisse et à la crème 24

Pâtes vertes et blanches avec saucisse et crème 26

Fettuccine aux poireaux et fontina 28

Fettuccine aux Champignons et Prosciutto 30

Tagliatelles d'été 32

Fettuccine aux champignons et sauce aux anchois 34

Fettuccine aux pétoncles 36

Tagliarini aux Crevettes et au Caviar 38

Pâtes croustillantes aux pois chiches, style Pouilles 40

Tagliarini au ragoût de chocolat des Abruzzes 43

Lasagnes à la bolognaise 46

Lasagnes napolitaines 49

Lasagnes aux épinards et aux champignons 52

Lasagne verte 55

Lasagnes vertes à la ricotta, au basilic et à la sauce tomate 59

Lasagnes aux aubergines 62

Cannellonis à la ricotta et au jambon 66

Cannellonis de veau et épinards 70

Cannellonis verts et blancs 74

Cannellonis à l'estragon et pecorino 77

Raviolis au fromage avec sauce tomate fraîche 80

Raviolis aux épinards et au fromage façon Parme 84

Raviolis de courge d'hiver au beurre et aux amandes 87

Raviolis à la viande avec sauce tomate 90

Raviolis à la saucisse toscane 94

Raviolis épicés, façon Marches 96

Raviolis aux champignons sauce au beurre et à la sauge 98

Raviolis Géants au Beurre de Truffe 100

Raviolis de betteraves aux graines de pavot 103

Rondelles de pâtes farcies à la viande en sauce à la crème 105

Tortelli de pommes de terre au ragoût de saucisse 109

Gnocchi de pommes de terre 112

Gnocchi de Pommes de Terre au Ragoût d'Agneau 117

Gnocchis de pommes de terre gratinés 120

Gnocchis de pommes de terre à la sorrentine 122

Linguine à l'ail, à l'huile et au piment fort 124

Spaghettis à l'ail et aux olives 126

Linguine au Pesto 128

Spaghettis Fins aux Noix 130

Linguine aux tomates séchées 132

Spaghetti aux poivrons, pecorino et basilic 134

Penne aux courgettes, basilic et œufs 138

Pâtes aux petits pois et aux œufs 141

Linguine aux haricots verts, tomates et basilic 144

Petites Oreilles à la Crème de Pommes de Terre et à la Roquette 147

Pâtes et pommes de terre 150

Coquilles au chou-fleur et au fromage 154

Pâtes au chou-fleur, safran et groseilles 156

Noeuds Papillon aux Artichauts et Petits Pois 159

Fettuccine aux artichauts et cèpes 162

Rigatoni au ragoût d'aubergine 166

Spaghettis Siciliens aux Aubergines 169

Noeuds papillon avec brocoli, tomates, pignons de pin et raisins secs 172

Cavatelli aux feuilles d'ail et aux pommes de terre 174

Linguine aux courgettes 177

Penne aux Légumes Grillés 180

Penne aux champignons, ail et romarin 184

Linguine aux betteraves et à l'ail 186

Noeuds papillon avec betteraves et légumes verts 188

Pâtes avec Salade 191

Fusilli aux tomates rôties 193

Coudes avec pommes de terre, tomates et roquette 196

Linguine à la romaine 199

Penne aux légumes printaniers et à l'ail 201

Pâtes "Traînées" à la Crème et aux Champignons 203

Pâtes romaines à la tomate et à la mozzarella 206

Fusilli au Thon et Tomates 208

Linguine au pesto sicilien 210

Spaghettis au Pesto "Crazy" 212

Noeuds papillon avec sauce puttanesca non cuite 214

Pâtes aux Crudités 216

Fettuccine aux légumes printaniers

Fettuccine Primavera

Donne 4 à 6 portions

Cette recette aurait été inventée au restaurant Le Cirque à New York. Bien qu'il n'y ait jamais été au menu, les habitués savent qu'ils peuvent le demander à tout moment. D'autres légumes peuvent être utilisés, comme des poivrons, des haricots verts ou des courgettes, alors n'hésitez pas à improviser en fonction de ce que vous avez sous la main.

4 cuillères à soupe de beurre non salé

¼ tasse d'échalotes hachées

1 tasse de carottes hachées

1 tasse de bouquets de brocoli, coupés en bouchées

4 asperges, parées et coupées en bouchées

½ tasse de petits pois frais ou surgelés

1 tasse de crème épaisse ou à fouetter

Sel et poivre noir fraîchement moulu

1 livre de fettuccine frais

¾ tasse de Parmigiano-Reggiano fraîchement râpé

10 feuilles de basilic, empilées et coupées en fines lanières

1. Dans une poêle assez grande pour contenir les fettuccine, faire fondre le beurre à feu moyen. Ajouter les échalotes et les carottes et cuire, en remuant de temps en temps, cinq minutes ou jusqu'à ce qu'elles soient ramollies.

2. Porter au moins 4 litres d'eau à ébullition dans une grande casserole. Ajouter du sel au goût. Ajouter le brocoli et les asperges et cuire 1 minute. À l'aide d'une écumoire, prélevez les légumes et égouttez-les bien en laissant bouillir l'eau dans la casserole.

3. Mettez le brocoli et les asperges dans la poêle avec les petits pois et la crème. Porter à ébullition. Assaisonner au goût avec du sel et du poivre. Retirer du feu.

4. Mettez les fettuccine dans l'eau bouillante et faites cuire, en remuant fréquemment, jusqu'à ce que les pâtes soient al dente, tendres mais encore fermes sous la dent. Égouttez les fettuccine et ajoutez-les dans la poêle. Ajouter le fromage et bien mélanger. Saupoudrez de basilic et servez immédiatement.

Fettuccine à la crème de gorgonzola

Fettuccine à la crème de gorgonzola

Donne 4 à 6 portions

De tous les fromages bleus produits dans le monde, le gorgonzola est mon préféré. Pour le fabriquer, le lait de vache est inoculé avec des spores de pénicilline, ce qui donne au fromage sa couleur et sa saveur distincte. Il n'est pas trop piquant et fond magnifiquement, il est donc idéal pour les sauces. Utilisez un type doux de gorgonzola pour cette recette.

2 cuillères à soupe de beurre non salé

8 onces de gorgonzola dolce, croûte enlevée

1 tasse de crème épaisse ou à fouetter

Sel

1 livre de fettuccine frais

Poivre noir fraîchement moulu

½ tasse de Parmigiano-Reggiano fraîchement râpé

1. Dans une casserole moyenne, faire fondre le beurre et ajouter le gorgonzola. Remuer à feu doux jusqu'à ce que le fromage soit fondu. Incorporer la crème. Porter la sauce à ébullition et cuire 5 minutes ou jusqu'à ce que la sauce ait légèrement épaissi.

2. Porter au moins 4 litres d'eau à ébullition. Ajouter les pâtes et saler au goût. Bien mélanger. Cuire à feu vif, en remuant fréquemment, jusqu'à ce que les pâtes soient al dente, tendres mais encore fermes sous la dent. Égoutter les pâtes en réservant une partie de l'eau de cuisson.

3. Dans un grand bol de service chaud, mélanger les pâtes avec la sauce. Ajouter le parmesan et mélanger à nouveau. Ajouter un peu d'eau de cuisson, si nécessaire, pour fluidifier les pâtes. Sers immédiatement.

Tagliarini au pesto, façon Gênes

Tagliarini au pesto

Donne 4 à 6 portions

En Ligurie, au printemps, de fines lanières de pâtes fraîches sont servies avec du pesto mélangé à des haricots verts fins et des tranches de pommes de terre nouvelles. Les légumes portent la saveur du pesto, coupent une partie de la richesse et ajoutent de la texture.

Le mot pesto signifie pilé, et il existe plusieurs autres types de sauces au pesto, bien que celle-ci soit la plus connue.

1 tasse de feuilles de basilic frais emballées

1/2 tasse de persil plat frais tassé

1/4 tasse de pignons de pin

1 gousse d'ail

Sel et poivre noir fraîchement moulu au goût

1/3 tasse d'huile d'olive extra vierge

1 tasse de Parmigiano-Reggiano ou Pecorino Romano fraîchement râpé

4 pommes de terre cireuses moyennes, pelées et tranchées finement

8 onces de haricots verts fins, coupés en longueurs de 1 pouce

1 livre de tagliarini ou fettuccine frais

2 cuillères à soupe de beurre non salé, à température ambiante

1. Dans un robot culinaire ou un mélangeur, mélanger le basilic, le persil, les pignons de pin, l'ail et une pincée de sel. Hachez bien. Avec la machine en marche, ajouter l'huile dans un flux régulier et traiter jusqu'à consistance lisse. Incorporer le fromage.

2. Porter au moins 4 litres d'eau à ébullition. Ajouter les pommes de terre et les haricots verts. Cuire jusqu'à tendreté, environ 8 minutes. Prélevez les légumes à l'aide d'une écumoire. Placez-les dans un bol de service réchauffé. Couvrir et garder au chaud.

3. Ajouter les pâtes à l'eau bouillante et bien mélanger. Cuire à feu vif, en remuant fréquemment, jusqu'à ce que les pâtes soient al dente, tendres mais encore fermes sous la dent. Égoutter les pâtes en réservant une partie de l'eau de cuisson.

4. Ajouter les pâtes, le pesto et le beurre dans le bol de service avec les légumes. Bien mélanger en ajoutant un peu d'eau de cuisson si les pâtes semblent sèches. Sers immédiatement.

Fettuccine aux artichauts

Fettuccine avec Carciofi

Donne 4 à 6 portions

Des charrettes chargées d'artichauts apparaissent sur les marchés en plein air de Rome au printemps. Leurs longues tiges et feuilles sont encore attachées, ce qui les empêche de se dessécher. Les cuisiniers romains savent que les tiges sont aussi savoureuses que les cœurs d'artichaut. Ils n'ont besoin que d'être épluchés et peuvent être cuits juste à côté des artichauts ou hachés pour une farce.

3 artichauts moyens

¼ tasse d'huile d'olive

1 petit oignon, haché finement

¼ tasse de persil plat frais haché

1 gousse d'ail, hachée finement

Sel et poivre noir fraîchement moulu au goût

½ tasse de vin blanc sec

1 livre de fettuccine frais

Huile d'olive vierge extra

1. Coupez le haut de 1/2 à 3/4 pouce des artichauts avec un grand couteau bien aiguisé. Rincer les artichauts sous l'eau froide en écartant les feuilles. Évitez les petites épines sur les pointes restantes des feuilles. Repliez et cassez toutes les feuilles vert foncé jusqu'à ce que vous atteigniez le cône jaunâtre pâle de feuilles tendres au centre de l'artichaut. Décollez la peau extérieure dure autour de la base et des tiges. Laisser les tiges attachées à la base; couper les extrémités des tiges. Couper les artichauts en deux dans le sens de la longueur et évider les chokes flous avec une cuillère. Couper les artichauts en fines tranches dans le sens de la longueur.

2. Verser l'huile dans une casserole assez grande pour contenir les pâtes cuites. Ajouter l'oignon, le persil et l'ail et cuire à feu moyen jusqu'à ce que l'oignon soit doré, environ 15 minutes.

3. Ajouter les tranches d'artichaut, le vin, le sel et le poivre au goût. Couvrir et cuire jusqu'à ce que les artichauts soient tendres lorsqu'on les pique à la fourchette, environ 10 minutes.

4. Porter au moins 4 litres d'eau à ébullition. Ajouter 2 cuillères à soupe de sel, puis les pâtes. Bien mélanger. Cuire à feu vif, en remuant fréquemment, jusqu'à ce que les pâtes soient al dente,

tendres mais encore fermes sous la dent. Égoutter les pâtes en réservant une partie de l'eau de cuisson. Ajouter les pâtes dans la poêle avec les artichauts.

5. Ajouter un filet d'huile d'olive extra vierge et un peu de l'eau de cuisson réservée si les pâtes semblent sèches. Bien remuer. Sers immédiatement.

Fettuccine aux filets de tomates

Fettuccine au Filet de Pomodoro

Donne 4 à 6 portions

Des lanières de tomates mûres pelées cuites jusqu'à ce qu'elles soient à peine tendres sont délicieuses avec des fettuccine fraîches. Les tomates conservent toute leur douce saveur fraîche dans cette sauce douce.

4 cuillères à soupe de beurre non salé

¼ tasse d'oignon finement haché

1 livre de tomates italiennes, pelées et épépinées et coupées en lanières de 1/2 pouce

6 feuilles de basilic frais

Sel au goût

1 livre de fettuccine frais

Parmigiano-Reggiano fraîchement râpé

1. Dans une grande poêle, chauffer 3 cuillères à soupe de beurre à feu moyen-doux jusqu'à ce qu'il soit fondu. Ajouter l'oignon et cuire jusqu'à ce qu'il soit doré, environ 10 minutes.

2. Incorporer les filets de tomates, les feuilles de basilic et quelques pincées de sel. Cuire jusqu'à ce que les tomates soient tendres, environ 5 à 10 minutes.

3. Porter au moins 4 litres d'eau à ébullition. Ajouter 2 cuillères à soupe de sel, puis les pâtes. Bien mélanger. Cuire à feu vif, en remuant fréquemment, jusqu'à ce que les pâtes soient al dente, tendres mais encore fermes sous la dent. Égoutter les pâtes en réservant une partie de l'eau de cuisson.

4. Ajouter les fettuccine dans la poêle avec la cuillère à soupe de beurre restante. Bien remuer. Ajouter un peu d'eau de cuisson si les pâtes semblent sèches. Servir immédiatement avec le fromage.

Fettuccine aux mille herbes

Fettuccine alle Mille Erbe

Donne 4 à 6 portions

C'est l'une de mes pâtes d'été préférées, celle que j'aime faire lorsque les herbes de mon jardin sont en pleine floraison et que les tomates sont parfaitement mûres. La recette provient de la Locanda dell'Amorosa, un restaurant et auberge situé à Sinalunga en Toscane. Là, ils ont utilisé des stracci, ce qui signifie « en lambeaux », une forme de pâtes similaire à la pappardelle coupée avec une roulette à pâtisserie cannelée de sorte que les bords soient dentelés. Les fettucine sont un bon substitut.

Il y a beaucoup de hachage dans la préparation de cette sauce, mais cela peut être fait bien avant de servir. Ne remplacez pas les herbes fraîches par des herbes séchées. Leur saveur serait trop agressive dans ces pâtes. Plus vous utilisez de variétés d'herbes, plus la saveur sera complexe, mais même si vous n'utilisez pas toutes les variétés énumérées, ce sera toujours délicieux.

¼ tasse de persil italien haché

¼ tasse de basilic frais haché

¼ tasse d'estragon frais haché

2 cuillères à soupe de menthe fraîche hachée

2 cuillères à soupe de marjolaine fraîche hachée

2 cuillères à soupe de thym frais haché

8 feuilles de sauge fraîche, finement hachées

1 brin de romarin frais, finement haché

⅓ tasse d'huile d'olive extra vierge

Sel et poivre noir fraîchement moulu

1 livre de fettuccine frais

½ tasse de Pecorino Romano fraîchement râpé

2 tomates mûres moyennes, pelées, épépinées et hachées

1. Dans un bol assez grand pour contenir tous les ingrédients, mélanger les herbes, l'huile d'olive, le sel et le poivre au goût. Mettre de côté.

2. Porter au moins 4 litres d'eau à ébullition. Ajouter 2 cuillères à soupe de sel, puis les pâtes Remuez bien. Cuire à feu vif, en remuant fréquemment, jusqu'à ce que les pâtes soient al dente,

tendres mais encore fermes sous la dent. Égoutter les pâtes en réservant une partie de l'eau de cuisson.

3.Ajouter les pâtes dans le bol avec le mélange d'herbes et bien mélanger. Ajouter le fromage et mélanger à nouveau. Répartir les tomates sur les pâtes et servir immédiatement.

Fettuccine à la saucisse et à la crème

Fettuccine con Salsiccia

Donne 4 à 6 portions

Des poivrons rouges rôtis, des morceaux de saucisse et des pois verts s'emmêlent dans les fettuccine crémeuses pour une saveur délicieuse à chaque bouchée de cette recette d'Émilie-Romagne. Essayez de trouver des saucisses de porc charnues sans beaucoup d'épices pour cette recette.

8 onces de saucisses de porc italiennes nature, boyaux retirés

1 tasse de crème épaisse ou à fouetter

½ tasse de poivrons rouges rôtis égouttés en dés

½ tasse de petits pois frais ou surgelés

1 cuillère à soupe de persil plat frais haché

Sel et poivre noir fraîchement moulu

1 livre de fettuccine frais

½ tasse de Parmigiano-Reggiano fraîchement râpé

1. Chauffer une grande poêle à feu moyen. Ajouter la saucisse et cuire, en remuant souvent pour briser les grumeaux, jusqu'à ce qu'elle ne soit plus rose, environ 5 minutes. Déposer la viande sur une planche à découper, laisser refroidir un peu, puis hacher finement.

2. Essuyez la poêle. Verser la crème et le saucisson haché dans la casserole et porter à ébullition. Incorporer les poivrons grillés, les pois, le persil, le sel et le poivre au goût. Cuire 3 minutes ou jusqu'à ce que les pois soient tendres. Éteignez le feu.

3. Porter au moins 4 litres d'eau à ébullition. Ajouter 2 cuillères à soupe de sel, puis les pâtes. Bien mélanger. Cuire à feu vif, en remuant fréquemment, jusqu'à ce que les pâtes soient al dente, tendres mais encore fermes sous la dent. Égoutter les pâtes en réservant une partie de l'eau de cuisson.

4. Mélanger les pâtes dans la poêle avec la sauce. Ajouter le fromage et mélanger à nouveau. Incorporer un peu d'eau de cuisson, si nécessaire. Sers immédiatement.

Pâtes vertes et blanches avec saucisse et crème

Paglia et Fieno

Donne 4 à 6 portions

Paglia e Fieno se traduit littéralement par "paille et foin", le nom fantaisiste en Émilie-Romagne de ce plat de fines nouilles vertes et blanches cuites ensemble. Ils sont généralement habillés d'une sauce crémeuse à la saucisse.

2 cuillères à soupe de beurre non salé

8 onces de saucisse de porc italienne nature, boyaux retirés et hachés finement

1 tasse de crème épaisse

½ tasse de petits pois frais ou surgelés

Sel

½ livres de tagliarini aux œufs frais

½ livres de tagliarini aux épinards frais

Poivre noir fraîchement moulu

½ tasse de Parmigiano-Reggiano fraîchement râpé

1. Dans une poêle assez grande pour contenir les pâtes cuites, faire fondre le beurre à feu moyen. Ajouter la chair à saucisse et cuire, en remuant fréquemment, jusqu'à ce que la chair ne soit plus rosée, environ 5 minutes. Ne pas brunir.

2. Incorporer la crème et les pois et porter à ébullition. Cuire 5 minutes ou jusqu'à ce que la crème ait légèrement épaissi. Retirer du feu.

3. Porter au moins 4 litres d'eau à ébullition. Ajouter 2 cuillères à soupe de sel, puis les pâtes. Bien mélanger. Cuire à feu vif, en remuant fréquemment, jusqu'à ce que les pâtes soient al dente, tendres mais encore fermes sous la dent. Égoutter les pâtes en réservant une partie de l'eau de cuisson.

4. Incorporer les pâtes au mélange de saucisses. Ajouter une mouture généreuse de poivre noir et le fromage et bien mélanger. Sers immédiatement.

Fettuccine aux poireaux et fontina

Fettuccine avec Porri et Fontina

Donne 4 à 6 portions

Le fromage fontina le plus fin provient de la Vallée d'Aoste, dans le nord-ouest de l'Italie. Il a une texture crémeuse et une saveur terreuse rappelant la truffe. C'est un fromage de table parfait, et il fond bien.

4 poireaux moyens

½ tasse d'eau

2 cuillères à soupe de beurre non salé

Sel

¾ tasse de crème épaisse

4 onces de prosciutto italien importé tranché, coupé transversalement en fines lanières

Poivre noir fraichement moulu

1 livre de fettuccine frais

1 tasse de Fontina Val d'Aoste ou d'Asiago râpé

1. Coupez les tiges vertes et les racines des poireaux. Coupez-les en deux dans le sens de la longueur et rincez-les bien sous l'eau courante froide, en enlevant le sable entre les couches. Égouttez les poireaux et coupez-les en fines tranches transversales. Il devrait y avoir environ 3 1/2 tasses de poireaux tranchés.

2. Dans une poêle assez grande pour contenir les pâtes, mélanger les poireaux, l'eau, le beurre et le sel au goût. Porter l'eau à ébullition et cuire à feu doux jusqu'à ce que les poireaux soient tendres et légèrement translucides et que la majeure partie du liquide se soit évaporée, environ 30 minutes.

3. Ajouter la crème et laisser mijoter 2 minutes de plus ou jusqu'à ce qu'elle ait légèrement épaissi. Incorporer le prosciutto et un peu de poivre. Retirer la sauce du feu.

4. Porter au moins 4 litres d'eau à ébullition. Ajouter 2 cuillères à soupe de sel, puis les pâtes. Bien mélanger. Cuire à feu vif, en remuant fréquemment, jusqu'à ce que les pâtes soient al dente, tendres mais encore fermes sous la dent. Égoutter les pâtes en réservant une partie de l'eau de cuisson.

5. Ajouter les pâtes dans la poêle avec la sauce et bien mélanger. Ajouter un peu d'eau de cuisson si les pâtes semblent sèches. Ajouter la fontine, mélanger à nouveau et servir.

Fettuccine aux Champignons et Prosciutto

Fettuccine avec champignons et prosciutto

Donne 4 à 6 portions

Le prosciutto est normalement tranché très fin, mais lorsque je l'ajoute à un plat cuisiné, je préfère souvent que la viande soit coupée en une seule tranche épaisse, que je coupe ensuite en lanières étroites. Il conserve mieux sa forme et ne cuit pas trop lorsqu'il est exposé à la chaleur.

4 cuillères à soupe de beurre non salé

1 paquet (10 onces) de champignons, tranchés finement

1 tasse de petits pois surgelés, partiellement décongelés

Sel et poivre noir fraîchement moulu

4 onces de prosciutto italien importé, en une tranche d'environ 1/4 de pouce d'épaisseur, coupée transversalement en fines lanières

1 livre de fettuccine frais

½ tasse de crème épaisse

½ tasse de Parmigiano-Reggiano fraîchement râpé

1. Dans une poêle assez grande pour contenir tous les ingrédients, faire fondre le beurre à feu moyen. Ajouter les champignons et cuire, en remuant de temps en temps, jusqu'à ce que le jus des champignons s'évapore et que les champignons commencent à dorer, environ 10 minutes.

2. Incorporer les pois. Saupoudrez de sel et de poivre et faites cuire 2 minutes. Incorporer le prosciutto et éteindre le feu. Couvrir pour garder au chaud.

3. Porter au moins 4 litres d'eau à ébullition. Ajouter 2 cuillères à soupe de sel, puis les pâtes. Bien mélanger. Cuire à feu vif, en remuant fréquemment, jusqu'à ce que les pâtes soient al dente, tendres mais encore fermes sous la dent. Égoutter les pâtes en réservant une partie de l'eau de cuisson.

4. Transférer les pâtes dans la poêle avec les légumes et le prosciutto. Augmentez le feu. Ajouter la crème et le fromage et mélanger à nouveau. Ajouter un peu d'eau de cuisson si les pâtes semblent sèches. Sers immédiatement.

Tagliatelles d'été

Tagliatelles Estiva

Donne 4 à 6 portions

Tout dans ces pâtes est doux et frais, des disques de petites courgettes fraîches à la saveur mûre ensoleillée des tomates, en passant par la saveur douce et crémeuse du fromage ricotta salata. Cette forme pressée, ferme et sèche de ricotta est utilisée à la fois comme fromage de table et pour râper. Remplacez-le par un pecorino doux ou du Parmigiano-Reggiano si vous ne trouvez pas ce type de ricotta.

1 petit oignon, haché

¼ tasse d'huile d'olive

3 très petites courgettes, coupées en disques de 1/4 po

Sel

2 tasses de tomates raisins, coupées en deux sur la longueur

1 tasse de feuilles de basilic déchirées

1 livre de fettuccine aux épinards frais

½ tasse de salade de ricotta râpée

1. Dans une grande poêle, faire revenir l'oignon dans l'huile à feu moyen 5 minutes. Ajouter les courgettes et saler au goût. Cuire 5 minutes ou jusqu'à ce qu'ils soient ramollis. Incorporer les tomates et cuire 5 minutes de plus ou jusqu'à ce que les courgettes soient tendres. Incorporer la moitié du basilic et éteindre le feu.

2. Pendant ce temps, porter au moins 4 litres d'eau à ébullition. Ajouter 2 cuillères à soupe de sel, puis les pâtes. Bien mélanger. Cuire, en remuant souvent, jusqu'à ce que les pâtes soient al dente, tendres mais encore fermes sous la dent.

3. Égouttez les pâtes et mélangez-les avec la sauce. Ajouter le fromage et la 1/2 tasse de basilic restante et mélanger à nouveau. Sers immédiatement.

Fettuccine aux champignons et sauce aux anchois

Fettuccine al Funghi

Donne 4 à 6 portions

Même ceux qui n'apprécient pas habituellement les anchois apprécieront la saveur relevée qu'ils donnent à cette sauce. Leur présence n'est pas évidente ; les anchois fondent dans la sauce.

2 grosses gousses d'ail, hachées finement

⅓ tasse d'huile d'olive

12 onces de champignons blancs ou brun-blanc, tranchés très finement

Sel et poivre noir fraîchement moulu

½ tasse de vin blanc sec

6 filets d'anchois, hachés

2 grosses tomates fraîches, pelées, épépinées et hachées, ou 1 1/2 tasse de tomates italiennes importées en conserve hachées, avec leur jus

1 livre de fettuccine frais

¼ tasse de persil plat frais haché

2 cuillères à soupe de beurre non salé

1. Dans une poêle assez grande pour contenir toutes les pâtes, cuire l'ail dans l'huile à feu moyen pendant 1 minute.

2. Ajouter les champignons et cuire, en remuant souvent, jusqu'à ce que le liquide s'évapore et que les champignons commencent à dorer, environ 10 minutes. Incorporer le vin et porter à ébullition.

3. Ajouter les anchois et les tomates. Réduire le feu à doux et cuire 10 minutes.

4. Porter au moins 4 litres d'eau à ébullition. Ajouter 2 cuillères à soupe de sel, puis les pâtes. Bien mélanger. Cuire à feu vif, en remuant fréquemment, jusqu'à ce que les pâtes soient al dente, tendres mais encore fermes sous la dent. Égoutter les pâtes en réservant une partie de l'eau de cuisson.

5. Transférer les pâtes dans la poêle avec la sauce et bien mélanger avec le persil. Ajouter le beurre et mélanger à nouveau en ajoutant un peu d'eau de cuisson si nécessaire. Sers immédiatement.

Fettuccine aux pétoncles

Fettuccine avec Canestrelli

Donne 4 à 6 portions

Je fais habituellement ces pâtes avec de grosses coquilles Saint-Jacques. Ils sont dodus et sucrés et disponibles toute l'année. Les pétoncles de baie plus petits, disponibles principalement dans le nord-est en été, sont également excellents. Ne les confondez pas avec les pétoncles de calicot insipides qui viennent des eaux chaudes. On les fait parfois passer pour des pétoncles de baie, bien qu'ils soient généralement beaucoup plus petits et manquent de saveur. Les pétoncles de baie mesurent environ un demi-pouce de diamètre, avec une couleur blanc crème, tandis que les calicots mesurent environ un quart de pouce et sont très blancs.

4 grosses gousses d'ail, finement hachées

¼ tasse d'huile d'olive

1 livre de pétoncles géants, coupés en morceaux de 1/2 pouce, ou pétoncles de baie, laissés entiers

Pincée de piment rouge concassé

Sel

1 grosse tomate mûre, épépinée et coupée en dés

2 tasses de feuilles de basilic frais, déchirées en 2 ou 3 morceaux

1 livre de fettuccine frais

1. Dans une poêle assez grande pour contenir toutes les pâtes, cuire l'ail dans l'huile à feu moyen jusqu'à ce que l'ail soit légèrement doré, environ 2 minutes. Incorporer les pétoncles, le poivre et le sel au goût. Cuire jusqu'à ce que les pétoncles soient opaques, environ 1 minute.

2. Incorporer la tomate et le basilic. Cuire 1 minute jusqu'à ce que le basilic soit légèrement flétri. Retirer la poêle du feu.

3. Porter au moins 4 litres d'eau à ébullition. Ajouter 2 cuillères à soupe de sel, puis les pâtes. Bien mélanger. Cuire à feu vif, en remuant fréquemment, jusqu'à ce que les pâtes soient al dente, tendres mais encore fermes sous la dent. Égoutter les pâtes en réservant une partie de l'eau de cuisson.

4. Ajouter les pâtes dans la poêle. Mélangez bien en ajoutant un peu d'eau de cuisson si nécessaire. Sers immédiatement.

Tagliarini aux Crevettes et au Caviar

Tagliarini al Gamberi et Caviale

Donne 4 à 6 portions

Le caviar de saumon de couleur corail est un délicieux contrepoint à la douceur des crevettes et à la sauce crémeuse de ces pâtes. J'ai proposé cette recette il y a plusieurs années pour un festin italien du Nouvel An pour le Washington Post.

12 onces de crevettes moyennes, décortiquées et déveinées, coupées en morceaux de 1/2 pouce

1 cuillère à soupe de beurre non salé

2 cuillères à soupe de vodka ou de gin

1 tasse de crème épaisse

Sel et poivre blanc fraîchement moulu

2 cuillères à soupe d'oignon vert haché très finement

1/2 cuillère à café de zeste de citron frais

1 livre de tagliarini frais

3 onces de caviar de saumon

1. Dans une poêle assez grande pour contenir toutes les pâtes, faire fondre le beurre à feu moyen. Ajouter les crevettes et cuire, en remuant, jusqu'à ce qu'elles soient roses et presque cuites, environ 2 minutes. À l'aide d'une écumoire, retirer les crevettes dans une assiette.

2. Ajouter la vodka dans la poêle. Cuire, en remuant, jusqu'à ce que le liquide s'évapore, environ 1 minute. Ajouter la crème et porter à ébullition. Cuire jusqu'à ce que la crème épaississe légèrement, environ une minute de plus. Incorporer les crevettes et une pincée de sel et de poivre. Ajouter l'oignon vert et le zeste de citron. Retirer du feu.

3. Porter au moins 4 litres d'eau à ébullition. Ajouter 2 cuillères à soupe de sel, puis les pâtes. Cuire, en remuant fréquemment, jusqu'à ce que les pâtes soient al dente, tendres mais encore fermes sous la dent. Égoutter les pâtes en réservant un peu d'eau de cuisson.

4. Verser les pâtes dans la poêle avec la sauce et bien mélanger à feu moyen. Ajouter un peu d'eau de cuisson si les pâtes semblent sèches. Répartir les pâtes dans les assiettes. Garnir chaque portion d'une cuillerée de caviar et servir immédiatement.

Pâtes croustillantes aux pois chiches, style Pouilles

Ceci et Tria

Donne 4 portions

De courtes bandes de pâtes fraîches sont parfois appelées tria dans les Pouilles et ailleurs dans le sud de l'Italie. Au Xe siècle, le souverain normand de Sicile, Roger II, fait préparer par un géographe arabe un relevé de son royaume. Le géographe, al-Idrisi, a écrit qu'il avait vu des gens fabriquer de la nourriture à partir de farine sous forme de fils qu'ils appelaient par le mot arabe pour ficelle, itriyah. La forme abrégée, tria, est toujours utilisée.

Les tria sont à peu près aussi larges que les fettuccine, mais ils sont coupés en longueurs de 3 pouces. Les pâtes de cette recette reçoivent un traitement inhabituel : la moitié est bouillie normalement, mais l'autre moitié est frite jusqu'à ce qu'elle devienne croustillante, comme les nouilles que l'on trouve dans les restaurants chinois. Les deux sont combinés dans une savoureuse sauce aux pois chiches. Il s'agit d'une recette traditionnelle du sud des Pouilles, près de Lecce. Cela ne ressemble à aucune autre recette de pâtes que j'ai essayée en Italie.

3 cuillères à soupe plus 1/2 tasse d'huile d'olive

1 petit oignon, haché

1 côte de céleri, hachée

1 gousse d'ail, hachée finement

1 1/2 tasses de pois chiches cuits ou en conserve, égouttés

1 tasse de tomates pelées, épépinées et hachées

2 cuillères à soupe de persil plat frais haché finement

2 tasses d'eau

Sel et poivre noir fraîchement moulu

12 onces de fettuccine fraîches, coupées en longueurs de 3 pouces

1. Dans une grande casserole, mélanger les 3 cuillères à soupe d'huile d'olive et l'oignon, le céleri et l'ail. Cuire à feu moyen jusqu'à ce qu'ils ramollissent, environ 5 minutes. Ajouter les pois chiches, la tomate, le persil et l'eau. Assaisonner au goût avec du sel et du poivre. Porter à ébullition et cuire 30 minutes.

2. Disposez un plateau recouvert de papier essuie-tout. Dans une grande poêle, chauffer la 1/2 tasse d'huile restante à feu moyen. Ajouter un quart des pâtes et cuire, en remuant, jusqu'à ce qu'elles boursouflent et commencent à dorer légèrement,

environ 4 minutes. Retirer les pâtes à l'aide d'une écumoire et les égoutter sur la plaque. Répéter avec un autre quart des pâtes.

3.Porter au moins 4 litres d'eau à ébullition. Ajouter 2 cuillères à soupe de sel, puis le reste des pâtes. Bien mélanger. Cuire à feu vif, en remuant fréquemment, jusqu'à ce que les pâtes soient al dente, tendres mais encore fermes sous la dent. Égoutter les pâtes en réservant une partie de l'eau de cuisson.

4.Incorporer les pâtes bouillies dans la sauce frémissante. Incorporer un peu d'eau de cuisson si les pâtes semblent sèches. Cela devrait ressembler à une soupe épaisse.

5.Ajouter les pâtes frites dans la poêle et remuer. Sers immédiatement.

Tagliarini au ragoût de chocolat des Abruzzes

Pâtes Abruzzese al Cioccolato Amaro

Donne 4 à 6 portions

J'ai adapté cette recette d'une recette que mon ami Al Bassano m'a dit avoir obtenue d'un site Web en italien. J'étais intrigué parce que je n'avais jamais rien vu ni goûté de tel auparavant. J'avais hâte de l'essayer, et je n'ai pas été déçu. Une petite quantité de chocolat et de cannelle ajoute une richesse subtile à la sauce.

La recette originale prévoyait de servir le ragù avec de la chitarrina, une pâte aux œufs typiquement abruzzaise préparée sur un appareil appelé chitarra, ou "guitare". La guitare dans ce cas est un simple cadre en bois enfilé avec une rangée de cordes de guitare. Une feuille de pâte à pâtes fraîches est posée sur les cordes et un rouleau à pâtisserie est roulé sur la pâte. Les cordes tendues coupent la pâte en brins carrés ressemblant à des spaghettis. Les tagliarini sont un bon substitut à la chitarrina.

1 oignon moyen, haché finement

¼ tasse d'huile d'olive

8 onces de porc haché

Sel et poivre noir fraîchement moulu

½ tasse de vin rouge sec

1 tasse de purée de tomates

¼ tasse de pâte de tomate

1 tasse d'eau

1 cuillère à soupe de chocolat mi-amer haché

½ cuillère à café de sucre

Pincée de cannelle moulue

1 livre de tagliarini frais

1. Dans une casserole moyenne, faire revenir l'oignon dans l'huile à feu moyen jusqu'à ce que l'oignon soit tendre et doré, environ 10 minutes. Ajouter le porc et cuire en émiettant la viande avec le dos d'une cuillère, jusqu'à ce qu'elle soit légèrement dorée. Assaisonnez avec du sel et du poivre selon votre goût.

2. Ajouter le vin et porter à ébullition. Cuire jusqu'à ce que la majeure partie du vin se soit évaporée.

3. Incorporer la purée de tomates, la pâte de tomates et l'eau. Baisser le feu à doux et cuire 1 heure, en remuant de temps en temps, jusqu'à ce que la sauce soit épaisse.

4. Incorporer le chocolat, le sucre et la cannelle jusqu'à ce que le chocolat soit fondu. Goûtez pour l'assaisonnement.

5. Porter au moins 4 litres d'eau à ébullition. Ajouter 2 cuillères à soupe de sel, puis les pâtes. Bien mélanger. Cuire à feu vif, en remuant fréquemment, jusqu'à ce que les pâtes soient al dente, tendres mais encore fermes sous la dent. Égoutter les pâtes en réservant une partie de l'eau de cuisson.

6. Dans un grand bol de service chaud, mélanger les pâtes avec la sauce. Ajouter un peu de l'eau de cuisson réservée si nécessaire. Sers immédiatement.

Lasagnes à la bolognaise

Lasagne bolognaise

Donne 8 à 10 portions

Cette lasagne de Bologne dans le nord de l'Italie est tout à fait différente de la version du sud de l'Italie qui suit cette recette, bien que les deux soient des classiques. La version bolognaise est composée de lasagnes aux épinards teintées de vert plutôt que de lasagnes aux œufs, et le seul fromage utilisé est le Parmigiano-Reggiano, tandis que la version méridionale contient de la mozzarella, de la ricotta et du Pecorino Romano. La sauce béchamel blanche crémeuse est un ingrédient standard dans la variété du nord, tandis que la version du sud contient beaucoup plus de viande. Essayez-les tous les deux, ils sont tout aussi délicieux.

    3 à 4 tasses<u>Ragù à la bolognaise</u>

    3 tasses<u>Sauce béchamel</u>

1 livre de lasagnes aux épinards frais

Sel

1 1/2 tasses de Parmigiano-Reggiano fraîchement râpé

2 cuillères à soupe de beurre non salé

1. Préparez les deux sauces. Porter au moins 4 litres d'eau à ébullition. Préparez un grand bol d'eau froide. Ajouter à l'eau bouillante la moitié des lasagnes et 2 cuillères à soupe de sel. Cuire jusqu'à ce que les pâtes soient tendres mais légèrement cuites. Retirez les pâtes à l'aide d'une écumoire et placez-les dans l'eau froide. Cuire les lasagnes restantes de la même manière. Disposez les feuilles de lasagne refroidies à plat sur des serviettes non pelucheuses.

2. Beurrer un moule de 13 × 10 × 2 pouces. Mettez de côté les 2 bandes de pâtes les plus belles pour la couche supérieure. Réserver 1/2 tasse de béchamel et 1/4 tasse de fromage. Faire une couche de pâtes en superposant les morceaux. Tartiner de fines couches de béchamel, puis de ragoût, puis de fromage. Répéter la superposition en terminant par les pâtes. Étendre la couche supérieure avec la 1/2 tasse de béchamel réservée. Saupoudrer du 1/4 tasse de fromage réservé. Parsemer de beurre. (Si vous préparez les lasagnes à l'avance, couvrez hermétiquement d'une pellicule plastique et réfrigérez toute la nuit.)

3. Placer une grille au centre du four. Préchauffer le four à 375°F. Cuire les lasagnes 45 minutes. Si les lasagnes dorent trop, couvrez-les de papier d'aluminium. Cuire 15 minutes de plus ou jusqu'à ce que la sauce bouillonne et qu'un couteau inséré au centre en ressorte chaud. Laisser reposer 15 minutes avant de servir.

Lasagnes napolitaines

Lasagne Napolitaine

Donne 8 à 10 portions

Chaque fois que je fais des lasagnes, je ne peux m'empêcher de penser à ma fable italienne préférée pour enfants, Pentolin delle Lasagne, écrite par A. Rubino et publiée dans la section jeunesse du journal Corriere della Sera en 1932. C'est l'histoire d'un homme qui portait toujours sur la tête un pentolino di terracotta, un pot en argile pour la cuisson des lasagnes. Il sentait que cela le protégeait des éléments et il était toujours prêt à faire des lasagnes à tout moment. Sans surprise, il était le meilleur fabricant de lasagnes de son pays de Pastacotta ("pâtes cuites"), même si les gens se moquaient de lui à cause de son couvre-chef idiot. Grâce à son pot à lasagnes et à un peu de magie, il a sauvé les citoyens de Pastacotta d'une famine, est devenu roi et a vécu heureux pour toujours, faisant des lasagnes tous les dimanches pour tout le monde dans son royaume.

Ce sont des lasagnes comme ma mère les faisait, et ma grand-mère avant elle. C'est incroyablement riche, mais absolument irrésistible.

Environ 8 tasses<u>Ragù napolitain</u>, fait avec de petites boulettes de viande

Sel

1 livre de lasagnes fraîches

2 livres de ricotta entière ou partiellement écrémée

1 1/4 tasses de Pecorino-Romano fraîchement râpé

1 livre de mozzarella fraîche, tranchée finement

1. Préparez le ragoût. Retirer les morceaux de viande, les boulettes de viande et les saucisses de la sauce. Réserver le porc et le veau pour un autre repas. Couper les saucisses en fines tranches et les réserver avec les boulettes pour les lasagnes.

2. Étalez des torchons non pelucheux sur une surface plane. Préparez un grand bol d'eau froide.

3. Porter environ 4 litres d'eau à ébullition. Ajouter 2 cuillères à soupe de sel. Ajouter les lasagnes quelques morceaux à la fois. Cuire les lasagnes jusqu'à ce qu'elles soient tendres mais légèrement cuites. Retirez les pâtes de l'eau. Placer les pâtes cuites dans l'eau froide. Lorsqu'elles sont suffisamment froides pour être manipulées, posez les feuilles de pâte à plat sur les serviettes. Les serviettes peuvent être empilées les unes sur les autres. Poursuivre la cuisson et refroidir les lasagnes restantes de la même manière.

4. Dans un moule de 13 × 9 × 2 pouces, étaler une fine couche de sauce. Faire une couche de pâtes en superposant légèrement les morceaux. Étaler avec 2 tasses de ricotta, puis les petites boulettes de viande et les saucisses tranchées, puis la mozzarella. Verser environ 1 tasse de plus de sauce et saupoudrer de 1/4 tasse de fromage râpé.

5. Répétez les couches en terminant par les pâtes, la sauce et le fromage râpé. (Si vous préparez les lasagnes à l'avance, couvrez hermétiquement d'une pellicule plastique et réfrigérez toute la nuit.)

6. Placer une grille au centre du four. Préchauffer le four à 375°F. Cuire les lasagnes 45 minutes. Si les lasagnes dorent trop, couvrez-les de papier d'aluminium. Cuire 15 minutes de plus ou jusqu'à ce que le dessus soit doré et que la sauce bouillonne sur les bords.

7. Sortir les lasagnes du four et laisser prendre 15 minutes. Couper les lasagnes en carrés et servir.

Lasagnes aux épinards et aux champignons

Lasagnes aux champignons et aux épinards

Donne 8 à 10 portions

Parme est le paradis des amateurs de pâtes. Enveloppées autour de garnitures savoureuses, mélangées à des sauces ou superposées à différents ingrédients, les pâtes semblent légères comme l'air et toujours délicieuses. Ce plat est basé sur mon souvenir d'une lasagne crémeuse paradisiaque que j'ai mangée à Parme il y a de nombreuses années.

   3 tasses<u>Sauce béchamel</u>

1 livre d'épinards frais, parés

Sel

5 cuillères à soupe de beurre non salé

1 petit oignon, haché finement

1 1/2 livres de champignons de Paris, hachés

1 livre de lasagnes fraîches

1 1/2 tasses de Parmigiano-Reggiano fraîchement râpé

1. Préparez la sauce béchamel. Ensuite, placez les épinards dans une grande casserole avec 1/2 tasse d'eau. Ajouter une pincée de sel. Couvrir et cuire à feu moyen jusqu'à ce que les épinards soient tendres, environ 5 minutes. Bien égoutter les épinards. Laisser refroidir. Enveloppez les épinards dans une serviette et pressez-les pour en extraire le maximum de jus. Hachez les épinards et mettez-les de côté.

2. Dans une grande poêle, faire fondre quatre cuillères à soupe de beurre à feu moyen. Ajouter l'oignon et cuire, en remuant de temps en temps, jusqu'à ce qu'il soit ramolli, environ 5 minutes.

3. Incorporer les champignons et saler et poivrer au goût. Cuire, en remuant fréquemment, jusqu'à ce que tout le liquide se soit évaporé et que les champignons soient tendres. Incorporer les épinards cuits hachés.

4. Réserver 1/2 tasse de sauce béchamel. Incorporer le reste au mélange de légumes.

5. Préparez un grand bol d'eau froide. Disposez des torchons non pelucheux sur un plan de travail.

6. Porter une grande casserole d'eau à ébullition. Ajouter 2 cuillères à soupe de sel. Ajouter les lasagnes quelques morceaux à la fois. Cuire les lasagnes jusqu'à ce qu'elles soient tendres

mais légèrement cuites. Retirez les pâtes de l'eau. Placer les pâtes cuites dans l'eau froide. Lorsqu'elles sont suffisamment froides pour être manipulées, posez les feuilles de pâte à plat sur les serviettes, qui peuvent être empilées les unes sur les autres. Poursuivre la cuisson et refroidir les lasagnes restantes de la même manière.

7. Beurrer un moule de 13 × 9 × 2 pouces. Mettez de côté les 2 bandes de pâtes les plus belles pour la couche supérieure. Faire une couche de pâtes dans le moule préparé, en superposant les morceaux. Tartiner d'une fine couche de légumes et saupoudrer de fromage. Répéter la superposition en terminant par les pâtes. Tartiner de la béchamel réservée. saupoudrer avec le reste de fromage. Parsemer du beurre restant.

8. Préchauffer le four à 375°F. Cuire 45 minutes. Si les lasagnes dorent trop, couvrez-les de papier d'aluminium. Cuire 15 minutes de plus ou jusqu'à ce que le dessus soit doré et que la sauce bouillonne autour du bord. Retirer du four et laisser reposer 15 minutes avant de servir. Couper en carrés pour servir.

Lasagne verte

Lasagne Verte

Donne 8 à 10 portions

Les lasagnes vertes sont recouvertes de jambon, de champignons, de tomates et de sauce béchamel. Pour faire ce sans viande, il suffit d'éliminer le jambon.

3 tassesSauce béchamel

1 once de cèpes séchés

2 tasses d'eau chaude

4 cuillères à soupe de beurre non salé

1 cuillère à soupe d'huile d'olive

1 gousse d'ail, hachée finement

12 onces de champignons blancs, hachés

½ cuillère à café de marjolaine séchée ou de thym

Sel et poivre noir fraîchement moulu

1 tasse de tomates fraîches pelées, épépinées et hachées ou de tomates italiennes importées en conserve, égouttées et hachées

8 onces de jambon bouilli tranché, haché

1 1/4 tasses de Parmigiano-Reggiano fraîchement râpé

1 1/4 livres de lasagnes vertes

1. Préparez la sauce béchamel. Mettez les champignons séchés dans l'eau et laissez tremper 30 minutes. Retirer les champignons du bol et réserver le liquide. Rincez les champignons sous l'eau courante froide pour enlever tout grain, en accordant une attention particulière aux extrémités des tiges où la terre s'accumule. Hachez grossièrement les champignons. Filtrer le liquide des champignons à travers un filtre à café en papier dans un bol.

2. Dans une grande poêle, faire fondre deux cuillères à soupe de beurre avec l'huile à feu moyen. Ajouter l'ail et cuire une minute. Ajouter les champignons frais et séchés, la marjolaine, saler et poivrer au goût. Cuire, en remuant de temps en temps, pendant 5 minutes. Ajouter les tomates et le liquide de champignons réservé et cuire jusqu'à épaississement, environ 10 minutes de plus.

3. Préparez un grand bol d'eau froide. Disposez des torchons non pelucheux sur un plan de travail.

4. Porter au moins 4 litres d'eau à ébullition. Ajouter 2 cuillères à soupe de sel. Ajouter les lasagnes quelques morceaux à la fois. Cuire les lasagnes jusqu'à ce qu'elles soient tendres mais légèrement cuites. Retirez les pâtes de l'eau. Placer les pâtes cuites dans l'eau froide. Lorsqu'elles sont suffisamment froides pour être manipulées, posez les feuilles de pâte à plat sur les serviettes, qui peuvent être empilées les unes sur les autres. Poursuivre la cuisson et refroidir les lasagnes restantes de la même manière.

5. Beurrer un moule de 13 × 9 × 2 pouces. Mettez de côté les 2 bandes de pâtes les plus belles pour la couche supérieure. Réserver 1/2 tasse de béchamel et 1/4 tasse de fromage. Faire une couche de pâtes en superposant les morceaux. Tartiner d'une fine couche de béchamel, de sauce aux champignons, de jambon et de fromage. Répéter la superposition en terminant par les pâtes. Tartiner de la béchamel réservée. saupoudrer avec le reste de fromage. Parsemer du beurre restant.

6. Placer une grille au centre du four. Préchauffer le four à 375°F. Cuire les lasagnes 45 minutes. Si les lasagnes dorent trop, couvrez-les de papier d'aluminium. Découvrir et cuire 15

minutes de plus ou jusqu'à ce que le dessus soit doré et que la sauce bouillonne sur les bords. Laisser reposer 15 minutes avant de servir. Couper en carrés pour servir.

Lasagnes vertes à la ricotta, au basilic et à la sauce tomate

Lasagnes vertes à la ricotta, au basilic et à la marinara

Donne 8 à 10 portions

Ma grand-mère faisait toujours les lasagnes à la napolitaine, mais de temps en temps elle nous surprenait avec cette version sans viande, surtout en été quand un ragoût de viande typique semblait trop lourd.

Rien que de penser à ces lasagnes, j'ai faim. Le parfum du basilic, la richesse du fromage et la douceur de la sauce tomate est une combinaison que je trouve alléchante. C'est aussi un beau plat avec ses couches de rouge, de vert et de blanc.

    5 à 6 tassesSauce marinaraouSauce aux tomates fraîches

Sel et poivre noir fraîchement moulu

1 1/4 livres de lasagnes vertes fraîches

2 livres de ricotta fraîche partiellement écrémée

1 oeuf, légèrement battu

1 tasse de Parmigiano-Reggiano ou Pecorino Romano fraîchement râpé

8 onces de fromage mozzarella frais, tranché finement

1 gros bouquet de basilic, empilé et coupé en rubans étroits

1. Préparez la sauce, si nécessaire. Ensuite, préparez un grand bol d'eau froide. Disposez des torchons non pelucheux sur un plan de travail.

2. Porter au moins 4 litres d'eau à ébullition. Ajouter 2 cuillères à soupe de sel. Ajouter les lasagnes quelques morceaux à la fois. Cuire les lasagnes jusqu'à ce qu'elles soient tendres mais légèrement cuites. Retirez les pâtes de l'eau. Placer les pâtes cuites dans l'eau froide. Lorsqu'elles sont suffisamment froides pour être manipulées, posez les feuilles de pâte à plat sur les serviettes, qui peuvent être empilées les unes sur les autres. Poursuivre la cuisson et refroidir les lasagnes restantes de la même manière.

3. Dans un bol, battre la ricotta, l'œuf, le sel et le poivre au goût.

4. Dans un moule de 13 × 9 × 2 pouces, étaler une fine couche de sauce. Placer deux des lasagnes dans la poêle en une seule couche, en les chevauchant légèrement. Étendre uniformément la moitié du mélange de ricotta et saupoudrer de 2 cuillères à

soupe de fromage râpé. Disposez dessus un tiers des tranches de mozzarella.

5. Faire une deuxième couche de lasagnes et napper de sauce. Répartir le basilic dessus. Couche avec les fromages comme décrit ci-dessus. Répétez l'opération pour une troisième couche. Faire une dernière couche de lasagnes, de sauce, de mozzarella et de fromage râpé. (Peut être préparé à l'avance jusqu'à ce point. Couvrir d'une pellicule plastique et réfrigérer plusieurs heures ou toute la nuit.)

6. Placer une grille au centre du four. Préchauffer le four à 375°F. Cuire les lasagnes pendant 45 minutes. Si les lasagnes dorent trop, couvrez-les de papier d'aluminium. Cuire 15 minutes de plus ou jusqu'à ce que le dessus soit doré et que la sauce bouillonne sur les bords. Laisser reposer 15 minutes. Couper en carrés et servir.

Lasagnes aux aubergines

Lasagnes à la Parmigiana

Donne 8 à 10 portions

Mon amie Donatella Arpaia, qui a passé les étés de son enfance avec sa famille en Italie, se souvient d'une tante préférée qui faisait des lasagnes avec des légumes frais tôt le matin pour les apporter à la plage pour le déjeuner plus tard dans la journée. La casserole était soigneusement enveloppée dans des serviettes, et le contenu serait encore chaud quand ils s'assiéraient pour manger.

Cette version ressemble au parmesan d'aubergine, avec l'ajout de nouilles de lasagne fraîches. Il est parfait pour un buffet d'été ou pour servir des végétariens.

2 aubergines moyennes (environ 1 livre chacune)

Sel

Huile d'olive

1 oignon moyen, haché finement

5 livres de tomates italiennes fraîches, pelées, épépinées et hachées, ou 2 boîtes (28 onces) de tomates pelées italiennes importées, égouttées et hachées

Poivre noir fraîchement moulu

2 cuillères à soupe de persil plat frais haché

2 cuillères à soupe de basilic frais haché

1 livre de lasagnes fraîches

1 livre de mozzarella fraîche, coupée en quatre et coupée en fines tranches

1 tasse de Parmigiano-Reggiano fraîchement râpé

1. Parez les aubergines et coupez-les en fines tranches. Saupoudrer les tranches de sel et les déposer dans une passoire posée sur une assiette. Laisser reposer au moins 30 minutes. Rincez les aubergines à l'eau froide et essuyez-les.

2. Placer une grille au centre du four. Préchauffer le four à 400°F. Badigeonnez généreusement les tranches d'aubergines des deux côtés avec de l'huile. Disposer les tranches sur de grandes plaques à pâtisserie. Cuire les aubergines 30 minutes ou jusqu'à ce qu'elles soient tendres et légèrement dorées.

3. Dans une grande casserole, cuire l'oignon dans 1/3 tasse d'huile d'olive à feu moyen, en remuant, jusqu'à ce qu'il soit tendre mais pas doré, environ 10 minutes. Ajouter les tomates et saler et poivrer au goût. Porter à ébullition et cuire jusqu'à léger épaississement, environ 15 à 20 minutes. Incorporer le basilic et le persil.

4. Disposez des torchons non pelucheux sur un plan de travail. Préparez un grand bol d'eau froide. Porter au moins 4 litres d'eau à ébullition. Ajouter 2 cuillères à soupe de sel. Faites cuire les lasagnes quelques morceaux à la fois. Retirez les bandes au bout d'une minute ou lorsqu'elles sont encore fermes. Mettez-les dans le bol d'eau pour refroidir. Disposez-les ensuite à plat sur les serviettes. Répéter, cuire et refroidir les pâtes restantes de la même manière ; les serviettes peuvent être empilées les unes sur les autres.

5. Huiler légèrement un moule à lasagnes de 13 × 9 × 2 pouces. Étaler une fine couche de sauce dans le plat.

6. Faire une couche de pâtes en superposant légèrement les morceaux. Étaler une fine couche de sauce, puis des tranches d'aubergine, de la mozzarella et du fromage râpé. Répétez la superposition en terminant par des pâtes, de la sauce tomate et du fromage râpé. (Peut être préparé jusqu'à 24 heures à l'avance. Couvrir d'une pellicule plastique et réfrigérer. Retirer du réfrigérateur environ 1 heure avant la cuisson.)

7. Préchauffer le four à 375°F. Cuire 45 minutes. Si les lasagnes dorent trop, couvrez-les de papier d'aluminium. Cuire 15 minutes de plus ou jusqu'à ce que le dessus soit doré et que la sauce bouillonne sur les bords. Retirer du four et laisser reposer 15 minutes avant de servir. Couper en carrés pour servir.

Cannellonis à la ricotta et au jambon

Cannellonis au prosciutto

Donne 8 portions

Ricotta signifie "recuit". Ce fromage frais est fabriqué en Italie à partir de lactosérum de lait de vache ou de brebis, le liquide aqueux laissé après la fabrication d'un fromage à pâte ferme, comme le pecorino. Lorsque le lactosérum est chauffé, les solides résiduels coagulent. Après égouttage, le caillé se transforme en fromage à pâte molle que l'on appelle la ricotta. Les Italiens le consomment au petit-déjeuner ou au dessert et dans de nombreux plats de pâtes. Il s'agit d'un cannelloni de style sud de l'Italie rempli de ricotta et d'éclats de prosciutto. Toutes les sauces tomates peuvent être utilisées avec ces pâtes, mais si vous préférez un plat plus riche, vous pouvez remplacer un ragoût de viande.

1 recettePâtes aux oeufs frais, coupé en carrés de 4 pouces pour les cannellonis

1 recette (environ 3 tasses)<u>Sauce aux tomates fraîches</u>ou<u>Sauce tomate toscane</u>

Sel

1 livre de mozzarella fraîche

1 contenant (16 onces) de ricotta entière ou partiellement écrémée

½ tasse de prosciutto italien importé haché (environ 2 onces)

1 gros oeuf, battu

¾ tasse de Parmigiano-Reggiano fraîchement râpé

Poivre noir fraîchement moulu

1. Préparez les pâtes et la sauce. Étalez des torchons non pelucheux sur une surface plane. Préparez un grand bol d'eau froide. Porter environ 4 litres d'eau à ébullition. Ajouter du sel au goût. Ajouter les carrés de pâtes quelques morceaux à la fois. Cuire les pâtes jusqu'à ce qu'elles soient tendres mais légèrement cuites. Retirez les pâtes de l'eau et placez-les dans l'eau froide. Lorsqu'elles sont suffisamment froides pour être manipulées, posez les feuilles de pâte à plat sur les serviettes, qui peuvent être empilées les unes sur les autres. Poursuivre la cuisson et le refroidissement des pâtes restantes de la même manière.

2. Dans un grand bol, mélanger la mozzarella, la ricotta, le prosciutto, l'œuf et 1/2 tasse de parmesan. Bien mélanger et ajouter du sel et du poivre au goût.

3. Déposer une fine couche de sauce au fond d'un grand plat allant au four. Étendre environ 2 cuillères à soupe de garniture sur une extrémité de chaque carré de pâtes. Rouler les pâtes, en commençant par l'extrémité remplie, et placer les rouleaux, couture vers le bas, dans le moule préparé.

4. Déposer une fine couche de sauce sur les pâtes. Saupoudrer du parmesan restant.

5. Placer une grille au centre du four. Préchauffer le four à 375°F. Cuire au four 30 minutes ou jusqu'à ce que la sauce bouillonne et que les fromages soient fondus. Servir chaud.

Cannellonis de veau et épinards

Cannellonis de Vitello et Spinaci

Donne 8 portions

Les cannellonis ont toujours l'air si élégants, pourtant ils font partie des pâtes farcies les plus faciles à faire à la maison. Cette version classique du Piémont est généralement préparée avec des restes de veau rôti ou mijoté. Ceci est ma version d'une recette de Giorgio Rocca, propriétaire de Il Giardino da Felicin, une auberge et restaurant confortable à Monforte d'Alba.

3 à 4 tasses Sauce béchamel

1 livre d'épinards frais

2 cuillères à soupe de beurre non salé

2 livres de veau désossé, coupé en morceaux de 2 pouces

2 carottes moyennes, hachées

1 côte de céleri tendre, hachée

1 oignon moyen, haché

1 gousse d'ail, hachée finement

Sel et poivre noir fraîchement moulu

Pincée de noix de muscade fraîchement moulue

1 1/2 tasses de Parmigiano-Reggiano fraîchement râpé

1 1/2 livresPâtes aux oeufs frais, coupé en carrés de 4 pouces pour les cannellonis

1. Préparez la sauce béchamel.

2. Mettez les épinards dans une grande casserole à feu moyen avec 1/4 tasse d'eau. Couvrir et cuire 2 à 3 minutes ou jusqu'à ce qu'ils soient ramollis et tendres. Égoutter et refroidir. Enveloppez les épinards dans un torchon non pelucheux et essorez le plus d'eau possible. Hacher finement les épinards.

3. Dans une grande poêle, faire fondre le beurre à feu moyen-doux. Ajouter le veau, les carottes, le céleri, l'oignon et l'ail. Assaisonner au goût avec du sel et du poivre et une pincée de noix de muscade. Couvrir et cuire, en remuant de temps en temps, jusqu'à ce que la viande soit très tendre, environ 1 heure. Si la viande devient sèche, ajouter un peu d'eau. Laisser refroidir. Sur une planche à découper avec un grand couteau, ou au robot culinaire, hacher très finement le mélange. Mettre la viande et les épinards dans un bol et ajouter 1 tasse de béchamel

et 1 tasse de parmesan. Bien mélanger et goûter pour l'assaisonnement.

4. Pendant ce temps, préparez les pâtes. Étalez des torchons non pelucheux sur une surface plane. Préparez un grand bol d'eau froide. Porter environ 4 litres d'eau à ébullition. Ajouter 2 cuillères à soupe de sel. Ajouter les carrés de pâtes quelques morceaux à la fois. Cuire les pâtes jusqu'à ce qu'elles soient tendres mais légèrement cuites. Retirez les pâtes de l'eau et placez-les dans l'eau froide. Lorsqu'elles sont suffisamment froides pour être manipulées, posez les feuilles de pâte à plat sur les serviettes, qui peuvent être empilées les unes sur les autres. Poursuivre la cuisson et le refroidissement des pâtes restantes de la même manière.

5. Déposer la moitié de la béchamel restante en une fine couche dans un grand plat allant au four. Étendre environ deux cuillères à soupe de garniture sur une extrémité de chaque carré de pâtes et rouler en commençant par l'extrémité remplie. Placer le rouleau de pâtes, couture vers le bas, dans le moule préparé. Répéter avec le reste des pâtes et de la garniture, en disposant les rouleaux les uns contre les autres dans le moule. Verser le reste de la sauce et saupoudrer de la 1/2 tasse de parmesan restante. (Peut être préparé jusqu'à 24 heures à l'avance.

Couvrir d'une pellicule plastique et réfrigérer. Retirer du réfrigérateur environ 1 heure avant la cuisson.)

6. Placer une grille au centre du four. Préchauffer le four à 375°F. Cuire au four 30 minutes ou jusqu'à ce que les cannellonis soient chauds et légèrement dorés. Servir chaud.

Cannellonis verts et blancs

Cannellonis à la Parmigiana

Donne 8 portions

Si vous visitez la région d'Émilie-Romagne, assurez-vous de vous arrêter à Parme. Cette élégante petite ville, berceau du grand chef d'orchestre Arturo Toscanini, est réputée pour sa cuisine raffinée. De nombreux bâtiments de la ville sont peints d'une couleur jaune ensoleillée, connue sous le nom d'or de Parme. Parme compte de nombreux restaurants raffinés où vous pourrez déguster de superbes pâtes roulées à la main, du Parmigiano-Reggiano vieilli et le meilleur vinaigre balsamique. J'ai mangé ces cannellonis à l'Angiol d'Or, un restaurant classique de Parme.

1 livrePâtes fraîches aux épinards, coupé en carrés de 4 pouces pour les cannellonis

    2 tassesSauce béchamel

8 onces d'épinards frais, parés

Sel

1 livre de ricotta entière ou partiellement écrémée

2 gros œufs, légèrement battus

1 1/2 tasses de Parmigiano-Reggiano fraîchement râpé

1/4 cuillère à café de noix de muscade fraîchement râpée

Poivre noir fraîchement moulu

4 onces de Fontina Valle d'Aosta, grossièrement râpée

1. Préparez les pâtes et la sauce béchamel. Mettez les épinards dans une grande casserole à feu moyen avec 1/4 tasse d'eau. Couvrir et cuire 2 à 3 minutes ou jusqu'à ce qu'ils soient ramollis et tendres. Égoutter et refroidir. Enveloppez les épinards dans un torchon non pelucheux et essorez le plus d'eau possible. Hacher finement les épinards.

2. Étalez des torchons non pelucheux sur une surface plane. Préparez un grand bol d'eau froide. Porter environ 4 litres d'eau à ébullition. Ajouter 2 cuillères à soupe de sel. Ajouter les carrés de pâtes quelques morceaux à la fois. Cuire les pâtes jusqu'à ce qu'elles soient tendres mais légèrement cuites. Retirez les pâtes de l'eau et placez-les dans l'eau froide. Lorsqu'elles sont suffisamment froides pour être manipulées, posez les feuilles de pâte à plat sur les serviettes, qui peuvent être empilées les unes

sur les autres. Poursuivre la cuisson et le refroidissement des pâtes restantes de la même manière.

3. Mélangez les épinards, la ricotta, les œufs, 1/2 tasse de parmesan, la noix de muscade, le sel et le poivre au goût. Incorporer la fontine.

4. Placer une grille au centre du four. Préchauffer le four à 375°F. Beurrer un plat allant au four de 13 × 9 × 2 pouces.

5. Étendre environ 1/4 tasse de garniture à une extrémité de chaque carré de pâtes. Rouler les pâtes en commençant par le bout rempli. Déposer les cannellonis, couture vers le bas, dans le moule.

6. Répartir la sauce sur les pâtes. Saupoudrer avec la 1 tasse restante de Parmigiano. Cuire 20 minutes ou jusqu'à ce qu'ils soient légèrement dorés.

Cannellonis à l'estragon et pecorino

Cannellonis de Ricotta au Dragoncello

Donne 6 portions

L'estragon, au doux goût de réglisse, est peu utilisé en Italie, sauf occasionnellement en Ombrie et en Toscane. L'estragon frais est essentiel pour cette recette, car l'estragon séché serait trop affirmé. Si vous ne trouvez pas d'estragon frais, remplacez-le par du basilic ou du persil frais.

Ces cannellonis de style ombrien sont préparés avec un fromage de brebis, comme le Pecorino Romano, mais le Parmigiano-Reggiano peut être remplacé. Malgré le fromage, les noix et les pâtes, ces cannellonis semblent légers comme l'air.

½ recette (environ 8 onces)Pâtes aux oeufs frais, coupé en carrés de 4 pouces pour les cannellonis

Sel

1 livre de ricotta entière ou partiellement écrémée

½ tasse de Pecorino Romano fraîchement moulu ou un substitut de Parmigiano-Reggiano

1 oeuf, battu

1 cuillère à soupe d'estragon ou de basilic frais haché

¼ cuillère à café de muscade moulue

2 cuillères à soupe de beurre non salé

¼ tasse d'huile d'olive extra vierge

¼ tasse de pignons de pin

1 cuillère à soupe d'estragon ou de basilic

Poivre noir fraîchement moulu

2 cuillères à soupe de Pecorino Romano fraîchement râpé

1. **Préparez les pâtes.** Porter au moins 4 litres d'eau à ébullition. Ajouter la moitié des pâtes et saler au goût. Remuer doucement. Cuire à feu vif, en remuant fréquemment, jusqu'à ce que les pâtes soient tendres mais légèrement cuites. Utilisez une écumoire pour retirer les pâtes. Transférer les pâtes dans un bol d'eau froide. Cuire les pâtes restantes de la même manière.

2. Dans un grand bol, mélanger les fromages, l'œuf, l'estragon et la muscade.

3. Placer une grille au centre du four. Préchauffer le four à 350°F. Beurrer un grand plat allant au four.

4. Égoutter quelques-uns des carrés de pâtes sur des serviettes non pelucheuses. Étendre environ 2 cuillères à soupe de garniture en une ligne à une extrémité de chaque carré de pâtes. Roulez les pâtes en commençant par l'extrémité remplie et placez-les dans le moule, couture vers le bas. Répéter avec le reste des pâtes et de la garniture.

5. Dans une petite casserole à feu moyen, faire fondre le beurre avec l'huile d'olive. Incorporer les pignons de pin, l'estragon et le poivre. Verser la sauce sur les cannellonis. Saupoudrer de fromage.

6. Cuire les cannellonis de 20 à 25 minutes ou jusqu'à ce que la sauce bouillonne. Laisser reposer 5 minutes avant de servir.

Raviolis au fromage avec sauce tomate fraîche

Raviolis à la Ricotta

Donne 8 portions

Les magasins d'ustensiles de cuisine vendent toutes sortes d'équipements pour faire des raviolis. J'ai un engin en forme de plateau en métal qui impressionne les feuilles de pâtes avec une série de ventres pour contenir la garniture, puis se retourne pour sceller et découper les raviolis parfaits en deux tailles. J'ai de beaux tampons en laiton et en bois que j'ai achetés à Parme pour découper des carrés et des cercles. Ensuite, il y a l'astucieux rouleau à pâtisserie en bois qui découpe les raviolis si vous appuyez dessus avec la force d'Hercule, et le coupe-raviolis fourni avec ma machine à pâtes à manivelle. Bien que je les ai tous essayés, je n'en utilise jamais aucun. La façon la plus simple de faire des raviolis est à la main avec un minimum d'équipement. Une roulette à pâtisserie à bord ondulé leur donne une jolie bordure, mais vous pouvez également les couper avec un couteau bien aiguisé ou une roulette à pizza. Ils ne sont peut-être pas parfaits en apparence, mais cela fait partie de leur charme artisanal,

Il s'agit d'une recette de base pour les raviolis fourrés au fromage comme on le fait dans de nombreuses régions d'Italie.

1 livre de ricotta entière ou partiellement écrémée

4 onces de mozzarella fraîche, grossièrement râpée ou hachée très finement

1 gros oeuf, battu

1 tasse de Parmigiano-Reggiano ou Pecorino Romano fraîchement râpé

2 cuillères à soupe de persil frais haché

Sel et poivre noir fraîchement moulu au goût

 4 tasses<u>Sauce aux tomates fraîches</u>

1 livrePâtes aux oeufs frais, étalé et coupé en lanières de 4 pouces

1. Mélangez la ricotta, la mozzarella, l'œuf, 1/2 tasse de parmesan, le persil, le sel et le poivre au goût. Couvrir et réfrigérer.

2. Préparez la sauce et les pâtes. Saupoudrer 2 ou 3 grandes plaques à pâtisserie de farine. Préparez un petit bol rempli d'eau froide.

3. Étalez une bande de pâte sur une surface légèrement farinée. Pliez-le en deux dans le sens de la longueur pour marquer le centre, puis dépliez-le. En commençant à environ 1 pouce de l'une des extrémités courtes, placez des cuillerées à thé de garniture à environ 1 pouce d'intervalle dans une rangée droite sur un côté du pli. Badigeonnez légèrement la garniture d'eau froide. Replier la pâte sur le côté avec la garniture. Éliminez les bulles d'air et scellez les bords. Utilisez une roulette à pâtisserie cannelée ou un couteau bien aiguisé pour couper entre les monticules de garniture recouverts de pâte. Séparez les raviolis et appuyez fermement sur les bords avec le dos d'une fourchette pour les sceller. Déposer les raviolis en une seule couche sur une plaque à pâtisserie.

4. Répéter avec le reste de pâte et de garniture. Couvrir d'un torchon et réfrigérer jusqu'au moment de la cuisson, ou jusqu'à 3 heures, en retournant les morceaux plusieurs fois pour qu'ils ne collent pas à la poêle. (Pour les conserver plus longtemps, congelez les raviolis sur les plaques à pâtisserie jusqu'à ce qu'ils soient fermes. Placez-les dans un sac en plastique résistant et fermez hermétiquement. Conservez-les au congélateur jusqu'à un mois. Ne les décongelez pas avant la cuisson.)

5. Juste avant de servir, porter environ 4 litres d'eau à ébullition dans une grande casserole. Entre-temps, dans une casserole moyenne, chauffer la sauce à feu doux. Verser une partie de la sauce dans un bol de service chauffé.

6. Baisser le feu sous la marmite à pâtes pour que l'eau bout doucement. Ajouter les raviolis et cuire jusqu'à ce qu'ils soient

tendres, 2 à 5 minutes selon l'épaisseur des raviolis et s'ils ont été congelés ou non. Sortez les raviolis de la casserole avec une écumoire. Bien égoutter.

7. Placer les raviolis dans le bol de service. Verser le reste de sauce. Saupoudrer de la 1/2 tasse de fromage restante et servir immédiatement.

Raviolis aux épinards et au fromage façon Parme

Tortelli à la Parmigiana

Donne 8 portions

Alors que les raviolis farcis à la ricotta sont probablement les plus populaires en Italie, une version similaire avec des légumes verts cuits est également un favori. Les épinards ou la bette à carde sont les légumes verts les plus couramment utilisés, mais la scarole, le pissenlit, les feuilles de betterave et la bourrache sont également utilisés, selon la région.

Dans cette recette de Parme, le mascarpone remplace une partie de la ricotta et la bette à carde est le vert typique. À une certaine époque, il était de tradition de les servir pour la Saint-Jean, le 21 juin. Notez que les Parmigiani appellent ces tortelli.

1 livre d'épinards frais ou de bette à carde, tiges retirées

Sel

1 tasse de ricotta entière ou partiellement écrémée

1 tasse de mascarpone (ou une autre tasse de ricotta)

1 gros oeuf, battu

1 tasse de Parmigiano-Reggiano fraîchement râpé

Pincée de noix de muscade fraîchement moulue

Poivre noir fraîchement moulu

1 recettePâtes aux oeufs frais, étalé et coupé en lanières de 4 pouces

8 cuillères à soupe (1 bâton) de beurre non salé

1. Placer les légumes verts dans une grande casserole avec 1/2 tasse d'eau et saler au goût. Couvrir et cuire à feu moyen-doux jusqu'à ce que le légume soit flétri et tendre, environ 5 minutes. Égoutter et laisser refroidir. Enveloppez les légumes verts dans un torchon non pelucheux ou un morceau d'étamine et pressez-le avec vos mains pour extraire tout le jus. Hacher finement les verts.

2. Dans un grand bol, mélanger les légumes verts hachés, la ricotta, le mascarpone si vous en utilisez, l'œuf, 1/2 tasse de fromage râpé, la muscade, le sel et le poivre au goût.

3. Préparez les pâtes. Préparez et faites cuire les raviolis comme décrit dans la recette deRaviolis au Fromage, étapes 2 à 6.

4. Pendant la cuisson des raviolis, faire fondre le beurre à feu moyen. Verser la moitié du beurre dans un bol de service. Ajouter les raviolis et le reste du beurre fondu.

5. Saupoudrer de la 1/2 tasse de parmesan restante et servir immédiatement.

Raviolis de courge d'hiver au beurre et aux amandes

Tortelli di Zucca al Burro e Mandorle

Donne 8 portions

En automne et en hiver, lorsque les courges d'hiver abondent sur le marché, les cuisiniers de Lombardie et d'Émilie-Romagne préparent ces raviolis légèrement sucrés rehaussés de la saveur d'amande des biscuits amaretti. La recette est très ancienne, remontant probablement à la Renaissance, époque à laquelle les aliments sucrés apparaissaient souvent lors d'un repas sur les tables aristocratiques en signe de richesse.

Certaines recettes demandent d'ajouter une cuillerée de mostarda égouttée et finement hachée - des fruits conservés dans un sirop de moutarde acidulée - au mélange de courge. Les amandes grillées ajoutent un joli croquant à la garniture.

Environ 2 livres de courge musquée ou Hubbard

1 1/4 tasse de Parmigiano-Reggiano fraîchement râpé

1/4 tasse de biscuits amaretti finement écrasés

1 œuf large

¼ cuillère à café de muscade moulue

Sel au goût

1 livre <u>Pâtes aux oeufs frais</u>, étalé et coupé en lanières de 4 pouces

1 bâton (4 onces) de beurre non salé

2 cuillères à soupe d'amandes grillées hachées

1. Placer une grille au centre du four. Préchauffer le four à 400°F. Huiler un petit plat allant au four. Coupez la courge en deux et retirez les graines et les fibres. Placer les moitiés côté coupé vers le bas dans le moule. Cuire au four 1 heure ou jusqu'à ce qu'ils soient tendres lorsqu'ils sont percés avec un couteau. Laisser refroidir.

2. Grattez la chair loin de la peau. Passez la chair au moulin à légumes muni de la lame fine ou réduisez-la en purée au robot culinaire ou au mélangeur. Incorporer 3/4 tasse de fromage, les amaretti, l'œuf, la muscade et le sel. Goûtez pour l'assaisonnement.

3. Préparez les pâtes. Préparez et faites cuire les raviolis comme décrit dans la recette de <u>Raviolis au Fromage</u>, étapes 2 à 6.

4. Pendant la cuisson des raviolis, faire fondre le beurre à feu moyen. Verser la moitié du beurre dans un bol de service chaud. Ajouter les raviolis et le reste du beurre fondu. Mélangez-les aux amandes. Saupoudrer de la 1/2 tasse de fromage restante. Sers immédiatement.

Raviolis à la viande avec sauce tomate

Agnolotti dans la salsa de Pomodoro

Donne 8 à 10 portions

Les cuisiniers italiens partent rarement de zéro lorsqu'ils préparent une garniture à la viande pour des pâtes fraîches. En règle générale, les restes d'un ragoût ou d'un rôti sont hachés et humidifiés avec le jus de viande. Du fromage, des légumes cuits ou de la chapelure peuvent être ajoutés pour prolonger la garniture, et le mélange est lié avec des œufs battus. Parce que je n'ai pas toujours de restes disponibles pour la garniture des raviolis, je prépare ce ragoût facile comme garniture pour les raviolis.

    3 tassesSauce tomate toscane

2 cuillères à soupe de beurre non salé

1 livre de veau ou boeuf haché

1 poitrine de poulet désossée et sans peau, coupée en morceaux de 1 pouce

1 oignon moyen, haché

1 carotte moyenne, hachée

1 petite côte de céleri, hachée

1 gousse d'ail, hachée finement

Sel et poivre noir fraîchement moulu

1/2 tasse de vin blanc sec

1 tasse de Parmigiano-Reggiano ou Pecorino Romano

2 gros jaunes d'œufs

1 livre<u>Pâtes aux oeufs frais</u>, étalé et coupé en lanières de 4 pouces

1. Préparez la sauce. Ensuite, faites fondre le beurre dans une grande poêle à feu moyen. Ajouter la viande et le poulet et cuire jusqu'à ce que la viande perde sa couleur rosée, en cassant les morceaux de viande hachée avec une cuillère.

2. Ajouter l'oignon, la carotte, le céleri et l'ail. Cuire 10 minutes, en remuant souvent, ou jusqu'à ce que les légumes soient tendres. Assaisonner au goût avec du sel et du poivre.

3. Ajouter le vin et laisser mijoter 1 minute. Couvrir la casserole et réduire le feu à doux. Cuire 11/2 heures ou jusqu'à ce que la viande soit très tendre. Ajouter un peu d'eau dans la casserole si le mélange devient trop sec. Retirer du feu et laisser refroidir.

4. Grattez le mélange de viande dans un robot culinaire ou un hachoir. Hachez ou broyez la viande jusqu'à ce qu'elle soit

finement hachée, mais pas pâteuse. Transférer le mélange de viande dans un bol.

5. Ajouter 1/2 tasse de fromage râpé au mélange de viande et bien mélanger. Goûtez pour l'assaisonnement. Incorporer les jaunes d'œufs.

6. Préparez les pâtes. Préparez et faites cuire les raviolis comme décrit dans la recette de <u>Raviolis au Fromage</u>, étapes 2 à 6. Servir chaud avec la sauce et saupoudrer de la 1/2 tasse de fromage restante.

Raviolis à la saucisse toscane

Tortelli Casentinese

Donne 8 portions

Tortelli est un autre nom de ravioli fréquemment utilisé en Toscane et en Émilie-Romagne. Ces tortelli, farcis à la saucisse de porc, sont fabriqués dans le style de la section Casentino de la Toscane, une région également connue pour ses beaux produits en laine.

   3 tasses <u>Sauce tomate toscane</u>

1 gousse d'ail, hachée très finement

2 cuillères à soupe d'huile d'olive

1 livre de saucisse de porc italienne nature, sans peau

2 gros œufs

2 cuillères à soupe de pâte de tomate

1 tasse de Pecorino Romano fraîchement râpé

¼ tasse de chapelure sèche nature

2 cuillères à soupe de persil plat frais haché

Pincée de noix de muscade fraîchement râpée

Sel et poivre noir fraîchement moulu

1 livre Pâtes aux oeufs frais, étalé et coupé en lanières de 4 pouces

1. Préparez la sauce. Ensuite, dans une grande poêle, faire revenir l'ail dans l'huile à feu moyen pendant 1 minute. Ajouter la chair à saucisse et cuire, en remuant fréquemment, jusqu'à ce que la viande soit juste cuite. Transférer la chair à saucisse sur une planche à découper et hacher finement.

2. Dans un grand bol, battre les œufs jusqu'à homogénéité. Incorporer la pâte de tomate. Incorporer la chair à saucisse, 1/2 tasse de fromage, la chapelure, la muscade, le sel et le poivre au goût.

3. Préparez les pâtes. Préparez et faites cuire les raviolis comme décrit dans la recette de Raviolis au Fromage, étapes 2 à 6. Napper de sauce et servir immédiatement avec la 1/2 tasse de fromage râpé restant.

Raviolis épicés, façon Marches

Raviolis Marchegiana

Donne 8 portions

Les cuisiniers de la région des Marches, sur la côte adriatique, sont connus pour leur utilisation habile des épices dans les plats salés. Ces raviolis, par exemple, composés d'une variété de légumes et de fromages, sont parfumés au zeste de citron, à la cannelle et à la noix de muscade. Servez-les avec_Ragù à la mode des Marches_ou un simple_Sauce au beurre et à la sauge_.

Environ 4 tasses_Ragù à la mode des Marches_

12 onces de légumes verts assortis tels que les épinards, la bette à carde, la chicorée ou le pissenlit

1 tasse de ricotta entière ou partiellement écrémée

1 gros oeuf, battu

1 tasse de Parmigiano-Reggiano râpé

1 cuillère à café de zeste de citron râpé

Pincée de muscade râpée

Pincée de cannelle moulue

Sel et poivre noir fraîchement moulu

1 livre Pâtes aux oeufs frais, étalé et coupé en lanières de 4 pouces

1. Préparez le ragoût. Ensuite, mettez les épinards dans une grande casserole à feu moyen avec 1/4 tasse d'eau. Couvrir et cuire de 2 à 3 minutes ou jusqu'à ce qu'ils soient ramollis et tendres. Égoutter et refroidir. Enveloppez les épinards dans un torchon non pelucheux et essorez le plus d'eau possible. Hacher finement les épinards.

2. Dans un grand bol, mélanger la ricotta, l'œuf, 1/2 tasse de fromage, le zeste de citron, la muscade, la cannelle, le sel et le poivre au goût.

3. Préparez les pâtes. Préparez et faites cuire les raviolis comme décrit dans la recette de Raviolis au Fromage, étapes 2 à 6. Transférer les raviolis dans un bol de service. Napper de sauce et servir immédiatement avec la 1/2 tasse de fromage restante.

Raviolis aux champignons sauce au beurre et à la sauge

Agnolotti ai Funghi

Donne 8 portions

La combinaison de champignons et de marjolaine est typique de la Ligurie, d'où cette recette est originaire. Les champignons de Paris conviennent parfaitement à la farce de ces raviolis, mais pour une saveur encore plus spéciale, ajoutez des champignons sauvages à la garniture.

3 cuillères à soupe de beurre non salé

1 cuillère à soupe d'huile d'olive

1 livre de champignons frais, tranchés minces

1 cuillère à café de marjolaine ou de thym frais ou une pincée de thym séché

Sel et poivre noir fraîchement moulu

½ tasse de ricotta entière ou partiellement écrémée

1 tasse de Parmigiano-Reggiano fraîchement râpé

1 jaune d'oeuf

1 livre Pâtes aux oeufs frais, étalé et coupé en lanières de 4 pouces

1/2 tasse Sauce au beurre et à la sauge

1. Dans une grande poêle, faire fondre le beurre avec l'huile à feu moyen. Ajouter les champignons, la marjolaine, saler et poivrer au goût. Cuire, en remuant de temps en temps, jusqu'à ce que les champignons soient tendres et que le jus se soit évaporé. Laisser refroidir.

2. Passez les champignons au robot culinaire et hachez-les finement. Ajouter la ricotta et 1/2 tasse de parmesan et goûter pour l'assaisonnement. Incorporer le jaune d'oeuf.

3. Préparez les pâtes. Préparez et faites cuire les raviolis comme décrit dans la recette de Raviolis au Fromage, étapes 2 à 6.

4. Pendant ce temps, préparez la sauce. Verser la moitié de la sauce dans un bol de service chaud. Ajouter les raviolis cuits. Verser le reste de la sauce et saupoudrer de la 1/2 tasse de Parmigiano-Reggiano restante. Sers immédiatement.

Raviolis Géants au Beurre de Truffe

Ravioloni al Tuorlo d'Uovo

Donne 4 portions

Un de ces raviolis extra-larges et extra-riches est suffisant pour une entrée. J'ai d'abord eu ces années au restaurant San Domenico à Imola, fondé par le grand chef Nino Bergese, connu pour son approche créative de la cuisine italienne classique.

C'est une recette des plus insolites. Les pâtes fraîches aux œufs sont remplies d'un anneau de ricotta autour d'un jaune d'œuf. Lorsque le raviolo est coupé, le jaune légèrement cuit suinte et se mélange à la sauce au beurre. À San Domenico, les raviolonis étaient garnis de truffes blanches fraîches finement râpées. La chaleur des pâtes et de la sauce faisait ressortir leur saveur et leur arôme. L'effet a été extraordinaire et je m'en souviendrai toujours comme l'une des choses les plus délicieuses que j'ai jamais mangées.

Bien qu'ils puissent sembler un peu délicats, ces raviolis sont vraiment assez simples à préparer et très impressionnants à servir. Pour de meilleurs résultats, assemblez les raviolis juste avant la cuisson. Vous pouvez remplacer la truffe par des copeaux de

Parmigiano-Reggiano fraîchement émincés. La plupart des huiles de truffe ont une saveur artificielle, donc je les évite.

1 livre<u>Pâtes aux oeufs frais</u>, étalé et coupé en quatre bandes de 8 × 4 pouces

1 tasse de ricotta entière ou partiellement écrémée

2 cuillères à soupe de Parmigiano-Reggiano fraîchement râpé

Pincée de muscade moulue

Sel et poivre noir fraîchement moulu

4 gros œufs

½ tasse de beurre non salé, fondu

Truffe blanche ou noire fraîche ou un gros morceau de Parmigiano-Reggiano

1. Préparez les pâtes. Ensuite, mélangez la ricotta et le fromage râpé, la muscade, le sel et le poivre au goût. Grattez la garniture dans une poche à douille munie d'une douille de 1/2 pouce ou d'un sac en plastique résistant, en coupant un coin pour créer une ouverture de 1/2 pouce.

2. En gardant les pâtes restantes couvertes, étalez une bande sur un comptoir. Pliez la bande en deux dans le sens de la largeur, puis dépliez-la pour faire un pli au centre. En laissant une

bordure de 1/2 pouce tout autour, dresser un cercle du mélange de fromage sur les pâtes d'un côté du pli. Séparez un œuf et réservez le blanc pour un autre usage. Déposez délicatement le jaune au centre du cercle. Badigeonnez légèrement le fromage d'eau froide. Replier l'autre moitié des pâtes sur la garniture. À l'aide d'une fourchette, presser les bords des pâtes ensemble pour sceller. Répéter avec le reste des pâtes et de la garniture.

3. Porter au moins 2 litres d'eau à ébullition. Baisser le feu jusqu'à ce que l'eau frémisse. Ajouter du sel au goût. Placer délicatement les raviolis dans l'eau et cuire jusqu'à ce que les pâtes soient tendres, environ 3 minutes.

4. Déposer un peu de beurre dans chacun des 4 plats de service chauds. Retirer les raviolis un par un à l'aide d'une écumoire. Déposer un raviolo dans chaque plat et verser le reste de beurre à la cuillère. À l'aide d'un épluche-légumes à lame pivotante, raser de fines tranches de truffe, si vous en utilisez, ou des flocons de Parmigiano par-dessus. Sers immédiatement.

Raviolis de betteraves aux graines de pavot

Casunziei de Barbabietole Rosse

Donne 8 portions

En Vénétie, il est de tradition de servir ces belles ravioles à Noël. J'aime la façon dont la garniture de betterave rouge apparaît à travers les pâtes comme un rougissement délicat. Ces raviolis sont typiques de Cortina d'Ampezzo, une station de ski de renommée mondiale dans la partie nord alpine de la région. Les graines de pavot dans la sauce reflètent l'influence de l'Autriche voisine. Les graines de pavot perdent rapidement leur fraîcheur à des températures ambiantes chaudes, alors sentez-les pour vous assurer qu'elles ne sont pas devenues rances. Conservez les graines de pavot dans un récipient hermétiquement fermé au réfrigérateur ou au congélateur.

4 betteraves moyennes, parées et lavées

½ tasse de ricotta entière ou partiellement écrémée

1 tasse de Parmigiano-Reggiano fraîchement râpé

2 cuillères à soupe de chapelure sèche nature

Sel et poivre noir fraîchement moulu

1 livre Pâtes aux oeufs frais, étalé et coupé en lanières de 4 pouces

8 cuillères à soupe (1 bâton) de beurre non salé

1 cuillère à soupe de graines de pavot

1. Placer les betteraves dans une casserole moyenne avec de l'eau froide pour couvrir. Porter à ébullition et cuire jusqu'à ce qu'ils soient tendres lorsqu'on les pique avec un couteau, environ 30 minutes. Égoutter et laisser refroidir.

2. Pelez les betteraves et coupez-les en morceaux. Placez-les dans un robot culinaire et hachez-les finement. Ajouter la ricotta, 1/2 tasse de Parmigiano-Reggiano, la chapelure, le sel et le poivre au goût. Traiter jusqu'à homogénéité, mais encore légèrement grossier.

3. Préparez les pâtes. Préparez et faites cuire les raviolis comme décrit dans la recette de Raviolis au Fromage, Étapes 2 à 6.

4. Pendant ce temps, faites fondre le beurre avec les graines de pavot et une pincée de sel. Verser la moitié du beurre dans un bol de service chaud. Transférer les raviolis dans le bol. Verser le reste de la sauce sur les raviolis et saupoudrer de la 1/2 tasse de Parmigiano-Reggiano restante. Sers immédiatement.

Rondelles de pâtes farcies à la viande en sauce à la crème

Tortellini à la Panna

Donne 8 portions

Selon une légende romantique, ces poches de pâtes en forme d'anneaux auraient été inventées par une cuisinière qui espionnait la déesse Vénus dans son bain. Inspiré par sa beauté, il a créé une pâte en forme de son nombril. D'autres versions de l'histoire disent que la beauté était Caterina di Medici. Quelle que soit l'inspiration derrière eux, ils sont merveilleux servis nageant dans un riche bouillon de viande ou de poulet ou une simple sauce à la crème ou au beurre. Rien de plus que cela serait exagéré.

4 cuillères à soupe de beurre non salé

4 onces de longe de porc désossée, coupée en cubes de 1 pouce

4 onces de prosciutto italien importé

4 onces de mortadelle

1 1/2 tasses de Parmigiano-Reggiano fraîchement râpé

1 œuf large

¼ cuillère à café de noix de muscade fraîchement moulue

1 livre <u>Pâtes aux oeufs frais</u>, étalé et coupé en lanières de 4 pouces

1 1/2 tasses de crème épaisse ou à fouetter

Sel

1. Faire fondre 2 cuillères à soupe de beurre dans une petite poêle à feu moyen. Ajouter le porc et cuire, en remuant de temps en temps, jusqu'à ce qu'il soit bien cuit, environ 20 minutes. Laisser refroidir.

2. Dans un robot culinaire ou un hachoir à viande, broyer le porc, le prosciutto et la mortadelle jusqu'à ce qu'ils soient très fins. Transférer les viandes dans un bol. Incorporer 1 tasse de Parmigiano-Reggiano, l'œuf et la muscade.

3. Tapisser 2 ou 3 grandes plaques à pâtisserie de serviettes non pelucheuses. Saupoudrer les serviettes de farine.

4. Préparez les pâtes. Travailler avec une pièce à la fois, garder le reste couvert.

5. Couper les pâtes en carrés de 2 pouces. Déposer environ 1/2 cuillère à café de garniture sur chaque carré. Replier la pâte sur la garniture pour former un triangle. Appuyez fermement sur les

bords pour sceller. Travaillez rapidement pour que la pâte ne sèche pas.

6. Rassemblez les deux points opposés du triangle pour former un cercle. Pincez les extrémités pour sceller. Placez le tortellino formé sur une plaque à pâtisserie pendant que vous préparez le reste de la pâte et la garniture de la même manière.

7. Réfrigérer les tortellinis jusqu'à plusieurs heures ou toute la nuit, en retournant les morceaux de temps en temps. (Pour un stockage plus long, congelez-les sur la plaque à pâtisserie 1 heure ou jusqu'à ce qu'ils soient fermes, puis transférez-les dans des sacs en plastique résistants et conservez-les au congélateur jusqu'à un mois. Ne pas décongeler avant la cuisson.)

8. Pour faire la sauce, faites fondre les 2 cuillères à soupe de beurre restantes avec la crème et une pincée de sel dans une poêle assez grande pour contenir toutes les pâtes. Porter à ébullition et cuire 1 minute ou jusqu'à ce que le mélange ait légèrement épaissi.

9. Porter au moins 4 litres d'eau à ébullition dans une grande casserole. Ajouter les tortellinis et saler au goût. Remuez de temps en temps jusqu'à ce que l'eau revienne à ébullition.

Baisser le feu pour que l'eau bout doucement. Cuire 3 minutes ou jusqu'à ce qu'il soit légèrement cuit. Bien égoutter.

dix. Verser les tortellinis dans la poêle avec la crème et remuer doucement. Ajouter la 1/2 tasse de Parmigiano-Reggiano restante et remuer à nouveau. Sers immédiatement.

Tortelli de pommes de terre au ragoût de saucisse

Tortelli di Patate al Ragù di Salsiccia

Donne 6 à 8 portions

La purée de pommes de terre aromatisée au Parmigiano-Reggiano remplit les rondelles de pâtes fraîches du sud de l'Émilie-Romagne et du nord de la Toscane. Au lieu de carrés, comme dans le<u>Rondelles de pâtes farcies à la viande en sauce à la crème</u>recette, ceux-ci commencent comme des cercles de pâte et sont ensuite façonnés en anneaux. Servez-les avec un riche<u>Ragoût de saucisse</u>, ou simplement les déguster avec<u>Sauce au beurre et à la sauge</u>.

    4 1/2 tasses<u>Ragoût de saucisse</u>

3 pommes de terre moyennes bouillantes

2 cuillères à soupe de beurre non salé, à température ambiante

1 tasse de Parmigiano-Reggiano fraîchement râpé

1/8 cuillère à café de noix de muscade fraîchement râpée

Sel et poivre noir fraîchement moulu

1 livre<u>Pâtes aux oeufs frais</u>, étalé et coupé en lanières de 4 pouces

1. Préparez le ragoût. Ensuite, placez les pommes de terre entières dans une casserole avec de l'eau froide pour couvrir. Porter à ébullition et cuire jusqu'à ce que les pommes de terre soient tendres lorsqu'on les pique avec un couteau, environ 20 minutes. Égoutter et laisser refroidir.

2. Épluchez les pommes de terre et écrasez-les avec un presse-purée ou un moulin jusqu'à consistance lisse. Incorporer le beurre, 1/2 tasse de fromage, la noix de muscade et saler et poivrer au goût.

3. Saupoudrer deux plaques à pâtisserie de farine.

4. Préparez les pâtes. À l'aide d'un emporte-pièce rond de 2 pouces ou d'un emporte-pièce, ou d'un petit verre, couper la pâte en cercles. Déposer une cuillère à café de farce sur un côté de chaque cercle. Tremper le bout du doigt dans de l'eau froide et humidifier le cercle de pâte à mi-chemin. Replier la pâte sur la garniture pour former un demi-cercle. Appuyez fermement sur les bords pour sceller. Rassemblez les deux coins de la pâte et pincez-les ensemble. Placer les tortelli sur la plaque à pâtisserie préparée. Répéter avec le reste de pâte et de garniture.

5. Couvrir et réfrigérer, en retournant les morceaux de temps en temps, jusqu'à 3 heures. (Pour un stockage plus long, congelez

les pâtes sur les plaques à pâtisserie. Transférez-les dans des sacs en plastique résistants. Fermez hermétiquement et congelez jusqu'à un mois. Ne pas décongeler avant la cuisson.)

6. Lorsque vous êtes prêt à cuire les tortelli, portez au moins 4 litres d'eau à ébullition. Porter la sauce à ébullition. Ajouter les pâtes à l'eau bouillante avec du sel au goût. Bien mélanger. Cuire à feu moyen, en remuant fréquemment, jusqu'à ce que les pâtes soient tendres mais encore fermes sous la dent.

7. Verser une partie de la sauce dans un bol de service chauffé. Bien égoutter les pâtes et les ajouter dans le bol. Garnir du reste de la sauce et de 1/2 tasse de fromage. Sers immédiatement.

Gnocchi de pommes de terre

Gnocchi di Patate con Ragù o al Sugo

Donne 6 portions

Les trattorias romaines proposent souvent des plats du jour. Les jeudis sont généralement leur journée pour servir des gnocchis de pommes de terre, bien que les gnocchis soient également préparés pour le grand déjeuner du dimanche chez maman lorsque toute la famille se réunit.

La chose importante à retenir lors de la fabrication de gnocchis de pommes de terre est de les manipuler avec douceur et de ne jamais trop travailler les pommes de terre en les mettant dans un robot culinaire ou un mélangeur. La teneur en humidité des pommes de terre déterminera la quantité de farine dont vous avez besoin.

Si vous avez des doutes quant à savoir si vous avez ajouté suffisamment de farine à la pâte, essayez cette astuce qui m'a été suggérée par un chef astucieux. Faites un test gnòcco. Pincez un petit morceau de pâte et faites-le cuire dans une petite casserole d'eau bouillante jusqu'à ce qu'il flotte à la surface, puis faites-le cuire 30 secondes de plus. Sortez-le de l'eau et goûtez-le. La boulette doit garder sa forme sans être molle ou dure. S'il est trop mou, pétrissez plus de farine. S'il est dur, il contient probablement déjà trop de farine. Recommencez ou essayez de faire cuire les gnocchis un peu plus longtemps.

4 tasses <u>Ragù napolitain</u> ou <u>Sauce aux tomates fraîches</u>

1 1/2 livres de pommes de terre à cuire

Environ 2 tasses de farine tout usage

1 gros jaune d'oeuf, battu

Sel

1. Préparez le ragoût ou la sauce. Ensuite, placez les pommes de terre dans une grande casserole avec de l'eau froide pour couvrir. Couvrez la marmite et portez à ébullition. Cuire jusqu'à ce que les pommes de terre soient tendres lorsqu'on les pique avec un couteau, environ 20 minutes. Saupoudrez deux grandes plaques à pâtisserie de farine.

2. Pendant que les pommes de terre sont encore chaudes, épluchez-les et coupez-les en morceaux. Écrasez les pommes de terre, en utilisant les plus petits trous d'un presse-purée ou d'un moulin à légumes, ou à la main avec un pilon à pommes de terre. Ajouter le jaune d'oeuf et 2 cuillères à café de sel. Incorporer une tasse de farine jusqu'à homogénéité. La pâte sera ferme.

3. Grattez les pommes de terre sur une surface farinée. Pétrissez brièvement en ajoutant juste assez de farine pour que les gnocchis conservent leur forme une fois cuits, mais pas au point de devenir lourds. La pâte doit être légèrement collante.

4. Réserver la pâte. Grattez la planche pour enlever les restes de pâte. Lavez-vous et séchez-vous les mains, puis saupoudrez-les de farine. Préparez un ou deux grands moules à cake et saupoudrez-les de farine.

5. Couper la pâte en 8 morceaux. En gardant le reste de la pâte couverte, roulez un morceau en une longue corde d'environ 3/4 de pouce d'épaisseur. Coupez la corde en pépites de 1/2 pouce de long.

6. Pour façonner la pâte, tenez une fourchette dans une main avec les dents pointées vers le bas. Avec le pouce de l'autre main, roulez chaque morceau de pâte sur le dos des dents, en appuyant légèrement pour faire des stries d'un côté et une empreinte de votre doigt de l'autre. Laisser tomber les gnocchis sur les moules préparés. Les morceaux ne doivent pas se toucher. Répéter avec le reste de pâte.

7. Réfrigérer les gnocchis jusqu'au moment de les cuire. (Les gnocchis peuvent également être congelés. Placer les plaques à

pâtisserie au congélateur pendant une heure ou jusqu'à ce qu'ils soient fermes. Mettre les gnocchis dans un grand sac en plastique résistant. Congeler jusqu'à un mois. Ne pas décongeler avant la cuisson.)

8. Préparez un bol de service peu profond chauffé. Verser une fine couche de sauce piquante dans le bol.

9. Pour cuire les gnocchis, porter une grande casserole d'eau à ébullition. Ajouter 2 cuillères à soupe de sel. Baisser le feu pour que l'eau bout doucement. Plongez les gnocchis dans l'eau quelques morceaux à la fois. Cuire 30 secondes après la remontée des gnocchis à la surface. Écumez les gnocchis de la casserole avec une écumoire en égouttant bien les morceaux. Transférer dans le bol de service. Répéter avec les gnocchis restants.

dix. Mélanger les gnocchis avec la sauce. Verser le reste de la sauce ; saupoudrer de fromage. Servir chaud.

Gnocchi de Pommes de Terre au Ragoût d'Agneau

Gnocchi con Ragù di Agnello

Donne 6 à 8 portions

Cette recette est originaire de la région des Abruzzes au centre de l'Italie. La sauce est généralement servie avec des pâtes alla chitarra, des pâtes aux œufs faites maison coupées avec un appareil spécial appelé guitare, car il a la forme d'un cadre tendu de fils. Il fonctionne également bien dans un plat copieux avec des gnocchis.

1 livre Gnocchi de pommes de terre, jusqu'à l'étape 7

2 cuillères à soupe d'huile d'olive

1 oignon moyen, haché finement

1 poivron rouge, épépiné et haché

Pincée de piment rouge concassé

2 gousses d'ail, hachées finement

1 livre d'agneau haché maigre

1 boîte (28 à 35 onces) de tomates italiennes importées avec leur jus, hachées

1 cuillère à soupe de pâte de tomate

1 feuille de laurier

Sel au goût

½ tasse de Pecorino Romano ou Parmigiano-Reggiano fraîchement râpé

1. Préparez les gnocchis. Ensuite, dans une grande poêle, faire revenir l'huile d'olive, l'oignon, le poivron et le poivron rouge jusqu'à ce que les légumes soient tendres, environ 10 minutes. Ajouter l'ail et cuire 1 minute de plus.

2. Incorporer l'agneau et cuire 15 minutes, en remuant fréquemment pour briser les grumeaux, jusqu'à ce qu'il ne soit plus rose. Incorporer les tomates. Ajouter la pâte de tomate, la feuille de laurier et le sel.

3. Porter la sauce à ébullition et réduire le feu à doux. Cuire, en remuant de temps en temps, jusqu'à ce que la sauce épaississe, environ 11/2 heures.

4. Porter au moins 4 litres d'eau à ébullition. Baisser le feu pour que l'eau bout doucement. Plongez les gnocchis dans l'eau quelques morceaux à la fois. Cuire 30 secondes après la remontée des gnocchis à la surface.

5. Pendant ce temps, retirez la feuille de laurier de la sauce. Déposer une fine couche dans un grand bol de service chauffé. Écumez les gnocchis de la casserole avec une écumoire en égouttant bien les morceaux. Ajoutez-les dans le bol. Répéter avec les gnocchis restants. Garnir du reste de sauce et de fromage. Servir chaud.

Gnocchis de pommes de terre gratinés

Gnocchis gratinés

Donne 6 portions

Dans le Piémont, les gnocchis de pommes de terre sont garnis de fromage et de chapelure et cuits dans un plat ovale résistant à la chaleur appelé gratin. Une fois cuits, les fromages fondent et la chapelure devient croustillante. Le plat peut être assemblé à l'avance et cuit juste avant d'être prêt à le servir.

1 recette Gnocchi de pommes de terre

2 cuillères à soupe de chapelure

Sel

6 onces Fontina Vallée d'Aoste

4 cuillères à soupe de beurre non salé

Poivre noir fraîchement moulu

¼ tasse de Parmigiano-Reggiano fraîchement râpé

Pincée de cannelle

1. Préparez les gnocchis. Ensuite, placez une grille au centre du four. Préchauffer le four à 350°F. Beurrer un plat allant au four de 13 × 9 × 2 pouces. Saupoudrez-le de chapelure.

2. Porter une grande casserole d'eau à ébullition. Ajouter les gnocchis et saler au goût. Cuire, en remuant de temps en temps, pendant 30 secondes après que les gnocchis aient remonté à la surface. Prélevez les gnocchis à l'aide d'une écumoire et disposez-en une couche dans le plat de cuisson préparé. Déposer la moitié de la Fontina dessus et arroser de la moitié du beurre. Saupoudrer de poivre. Faire une deuxième couche de gnocchi, Fontina et beurre. Saupoudrer de fromage râpé et de cannelle.

3. Cuire au four 20 minutes ou jusqu'à ce qu'ils bouillonnent et soient légèrement dorés. Servir chaud.

Gnocchis de pommes de terre à la sorrentine

Gnocchi à la Sorrentîne

Donne 8 portions

Dans la région de Naples, les gnocchis de pommes de terre sont souvent appelés strangolopreti, ce qui signifie "prêtres étrangleurs", l'idée étant qu'un prêtre gourmand confronté à une cuisine maison aussi délicieuse pourrait en manger trop et s'étouffer. Ce plat cuit au four est une spécialité de Sorrente.

> Environ 2 tasses Sauce marinara
>
> 1 recette Gnocchi de pommes de terre

Sel

8 onces de mozzarella fraîche, tranchée finement

¼ tasse de Pecorino Romano fraîchement râpé

1. Préparez la sauce et les gnocchis. Ensuite, placez une grille au centre du four. Préchauffer le four à 400°F. Étendre une fine couche de sauce dans un plat allant au four de 13 × 9 × 2 pouces.

2. Porter une grande casserole d'eau à ébullition. Ajouter du sel au goût. Baisser le feu pour que l'eau bout doucement. Plongez les

gnocchis dans l'eau quelques morceaux à la fois. Cuire 30 secondes après la remontée des gnocchis à la surface. Écumez les gnocchis de la casserole avec une écumoire en égouttant bien les morceaux. Répartir les gnocchis dans le plat allant au four. Verser un peu de sauce. Répéter avec le reste des gnocchis et de la sauce. Répartir la mozzarella sur les gnocchis. Saupoudrer de fromage râpé.

3. Cuire 30 minutes ou jusqu'à ce que la sauce bouillonne. Servir chaud.

Linguine à l'ail, à l'huile et au piment fort

Linguine Aglio, Olio, et Peperoncino

Donne 4 à 6 portions

L'ail, l'huile d'olive extra vierge fruitée, le persil et le piment fort sont les assaisonnements simples pour ces pâtes les plus savoureuses. Une huile d'olive bien parfumée est essentielle, tout comme l'ail et le persil frais. Faites cuire l'ail lentement afin que l'huile devienne saturée de sa saveur puissante. Ne laissez pas l'ail devenir plus qu'une couleur dorée, ou il deviendra amer et âcre. Certains cuisiniers omettent le persil, mais j'aime la saveur fraîche qu'il ajoute.

½ tasse d'huile d'olive extra vierge

4 à 6 grosses gousses d'ail, tranchées finement

½ cuillère à café de piment rouge broyé

⅓ tasse de persil plat frais haché

Sel

1 livre de linguines ou de spaghettis

1. Verser l'huile dans une poêle assez grande pour contenir les pâtes cuites. Ajouter l'ail et le piment rouge broyé. Cuire à feu moyen, en remuant souvent, jusqu'à ce que l'ail soit doré, environ 4 à 5 minutes. Incorporer le persil et éteindre le feu.

2. Porter au moins 4 litres d'eau froide à ébullition. Ajouter 2 cuillères à soupe de sel, puis les pâtes, en poussant vers le bas jusqu'à ce que les pâtes soient complètement recouvertes d'eau. Cuire à feu vif, en remuant fréquemment, jusqu'à ce que les pâtes soient al dente, tendres mais encore fermes sous la dent. Réserver une partie de l'eau de cuisson. Égouttez les pâtes et ajoutez-les dans la poêle avec la sauce.

3. Cuire à feu moyen en remuant jusqu'à ce que les pâtes soient bien enrobées de sauce. Ajouter un peu de l'eau de cuisson réservée si les pâtes semblent sèches. Sers immédiatement.

Variation: Ajoutez des olives noires ou vertes hachées, des câpres ou des anchois avec l'ail. Servir saupoudré de chapelure grillée à l'huile d'olive ou de fromage râpé.

Spaghettis à l'ail et aux olives

Spaghettis à l'Aglio et à l'Olive

Donne 4 à 6 portions

Cette sauce pour pâtes rapide peut être préparée avec des olives que vous dénoyautez et hachez vous-même, mais la pâte d'olive préparée est plus pratique. Parce que la pâte d'olive et les olives peuvent être salées, n'ajoutez pas de fromage râpé à ce plat.

¼ tasse d'huile d'olive

3 gousses d'ail, tranchées finement

Pincée de piment rouge concassé

¼ tasse de pâte d'olives vertes, ou au goût, ou 1 tasse d'olives vertes dénoyautées hachées

2 cuillères à soupe de persil plat frais haché

Sel

1 livre de spaghetti ou linguine

1. Verser l'huile dans une poêle assez grande pour contenir les pâtes cuites. Ajouter l'ail et le piment rouge broyé. Cuire à feu

moyen jusqu'à ce que l'ail soit doré, environ 4 à 5 minutes. Incorporer la pâte d'olive ou les olives et le persil et retirer la poêle du feu.

2.Porter 4 litres d'eau à ébullition dans une grande casserole. Ajoutez 2 cuillères à soupe de sel, puis les pâtes, en appuyant doucement jusqu'à ce que les pâtes soient complètement recouvertes d'eau. Cuire à feu vif, en remuant fréquemment, jusqu'à ce que les pâtes soient al dente, tendres mais encore fermes sous la dent. Réserver une partie de l'eau de cuisson. Égouttez les pâtes et ajoutez-les dans la poêle avec la sauce.

3.Cuire à feu moyen en remuant jusqu'à ce que les pâtes soient bien enrobées de sauce. Ajouter un peu d'eau de cuisson chaude si les pâtes semblent sèches. Sers immédiatement.

Linguine au Pesto

Linguine au pesto

Donne 4 à 6 portions

En Ligurie, le pesto est préparé en pilant l'ail et les herbes dans un mortier jusqu'à ce qu'une pâte épaisse se forme. Une variété de basilic au goût doux et aux feuilles minuscules ne dépassant pas un demi-pouce de long y est utilisée. Le pesto qu'il fait est beaucoup plus subtil que celui fait avec le basilic que nous avons aux États-Unis. Pour me rapprocher de la saveur du pesto ligure, j'ajoute du persil plat. Le persil garde mieux sa couleur que le basilic, qui a tendance à noircir lorsqu'il est haché, ainsi le pesto reste d'un vert velouté. Si vous voyagez en Ligurie et que vous aimez jardiner, achetez un paquet de petites graines de basilic et cultivez-les dans votre jardin. Il n'y a aucune interdiction de rapporter des graines emballées d'Italie.

1 tasse de feuilles de basilic bien tassées, rincées et séchées

¼ tasse de persil plat frais bien tassé, rincé et séché

2 cuillères à soupe de pignons de pin ou d'amandes mondées

1 gousse d'ail

De gros sel

⅓ tasse d'huile d'olive extra vierge

1 livre de linguines

½ tasse de Parmigiano-Reggiano fraîchement râpé

2 cuillères à soupe de beurre non salé, ramolli

1. Au robot culinaire, hacher finement les feuilles de basilic et de persil avec les pignons de pin, l'ail et une pincée de sel. Ajouter graduellement l'huile d'olive en un mince filet et mélanger jusqu'à consistance lisse. Goûtez pour l'assaisonnement.

2. Porter 4 litres d'eau à ébullition dans une grande casserole. Ajoutez 2 cuillères à soupe de sel, puis les pâtes, en appuyant doucement jusqu'à ce que les pâtes soient complètement recouvertes d'eau. Bien mélanger. Cuire, en remuant fréquemment, jusqu'à ce que les pâtes soient al dente, tendres mais encore fermes sous la dent. Réserver une partie de l'eau de cuisson. Égoutter les pâtes.

3. Placer les pâtes dans un grand bol de service chauffé. Ajouter le pesto, le fromage et le beurre. Bien mélanger, en ajoutant un peu de l'eau de cuisson réservée pour diluer le pesto si nécessaire. Sers immédiatement.

Spaghettis Fins aux Noix

Spaghettini aux noix

Donne 4 à 6 portions

Il s'agit d'une recette napolitaine souvent consommée lors des repas sans viande du vendredi. Les noix doivent être hachées très finement pour cette sauce pour pâtes, de sorte que les morceaux s'accrochent aux pâtes pendant qu'elles tournent. Hachez-les avec un couteau ou utilisez un robot culinaire si vous préférez, mais ne les transformez pas trop en pâte.

¼ tasse d'huile d'olive

3 grosses gousses d'ail, légèrement écrasées

1 tasse de noix, hachées finement

Sel

1 livre de spaghettini, linguine fine ou vermicelle

½ tasse de Pecorino Romano fraîchement râpé

Poivre noir fraîchement moulu

2 cuillères à soupe de persil plat frais haché

1. Verser l'huile dans une poêle assez grande pour contenir les pâtes. Ajouter l'ail et cuire à feu moyen en pressant l'ail de temps en temps avec le dos d'une cuillère jusqu'à ce qu'il devienne doré, environ 3 à 4 minutes. Retirer l'ail de la poêle. Incorporer les noix et cuire jusqu'à ce qu'elles soient légèrement grillées, environ 5 minutes.

2. Porter au moins 4 litres d'eau à ébullition dans une grande casserole. Ajouter 2 cuillères à soupe de sel, puis les pâtes. Bien mélanger. Cuire à feu vif, en remuant fréquemment, jusqu'à ce que les pâtes soient al dente, tendres mais encore fermes sous la dent. Égoutter les pâtes en réservant une partie de l'eau de cuisson.

3. Mélanger les pâtes avec la sauce aux noix et juste assez d'eau de cuisson pour les garder humides. Ajouter le fromage et une mouture généreuse de poivre noir. Bien remuer. Ajouter le persil et servir immédiatement.

Linguine aux tomates séchées

Linguine avec Pomodori Secchi

Donne 4 à 6 portions

Un pot de tomates séchées au soleil marinées dans le garde-manger et des invités inattendus ont inspiré ce plat de pâtes rapide. L'huile dans laquelle la plupart des tomates séchées au soleil marinées sont emballées n'est généralement pas de la plus haute qualité, je préfère donc l'égoutter et ajouter ma propre huile d'olive extra vierge à cette sauce facile.

1 pot (environ 6 onces) de tomates séchées au soleil marinées, égouttées

1 petite gousse d'ail

¼ tasse d'huile d'olive extra vierge

1 cuillère à soupe de vinaigre balsamique

Sel

1 livre de linguines

6 feuilles de basilic frais, empilées et coupées en fines lanières

1. Dans un robot culinaire ou un mélangeur, combiner les tomates et l'ail et mélanger jusqu'à ce qu'ils soient hachés très finement. Ajouter lentement l'huile et le vinaigre et mélanger jusqu'à consistance lisse. Goûtez pour l'assaisonnement.

2. Porter au moins 4 litres d'eau à ébullition dans une grande casserole. Ajoutez 2 cuillères à soupe de sel, puis les pâtes, en appuyant doucement jusqu'à ce que les pâtes soient complètement recouvertes d'eau. Bien mélanger. Cuire à feu vif, en remuant fréquemment, jusqu'à ce que les pâtes soient al dente, tendres mais encore fermes sous la dent. Réserver une partie de l'eau de cuisson. Égoutter les pâtes.

3. Dans un grand bol, mélanger les pâtes avec la sauce tomate et le basilic frais, en ajoutant un peu de l'eau de cuisson réservée si nécessaire. Sers immédiatement.

Variation: Ajouter une boîte de thon égoutté à l'huile d'olive aux pâtes et à la sauce. Ou ajoutez des olives noires hachées ou des anchois.

Spaghetti aux poivrons, pecorino et basilic

Spaghettis aux Peperoni

Donne 4 à 6 portions

Manger des spaghettis, des linguines ou d'autres pâtes longues avec une cuillère et une fourchette n'est pas considéré comme de bonnes manières en Italie, pas plus que couper les brins en petits morceaux. Les enfants apprennent dès leur plus jeune âge à faire tournoyer quelques brins de pâtes autour d'une fourchette et à les manger proprement sans aspirer.

Selon une histoire, la fourchette à trois dents a été inventée à cet effet au milieu du XIXe siècle. Jusqu'à cette époque, les pâtes se mangeaient toujours avec les mains et les fourchettes n'avaient que deux dents car elles servaient principalement à piquer la viande. Le roi Ferdinand II de Naples a demandé à son chambellan, Cesare Spadaccini, d'inventer un moyen de servir des pâtes longues lors des banquets de la cour. Spadaccini a inventé une fourchette à trois dents, et le reste appartient à l'histoire.

Les piments forts frais sont typiques de la cuisine calabraise. Ici, ils sont accompagnés de poivrons et servis avec des spaghettis. Le pecorino râpé est un joli contrepoint salé à la douceur des poivrons et du basilic.

¼ tasse d'huile d'olive

4 gros poivrons rouges, coupés en fines lanières

1 ou 2 petits piments frais, épépinés et hachés, ou une pincée de piment rouge broyé

Sel

2 gousses d'ail, tranchées finement

12 feuilles de basilic frais, coupées en fines lanières

⅓ tasse de Pecorino Romano fraîchement râpé

1 livre de spaghettis

1. Dans une poêle assez grande pour contenir les pâtes cuites, chauffer l'huile à feu moyen. Ajouter les poivrons, les piments et le sel. Cuire, en remuant de temps en temps, 10 minutes.

2. Incorporer l'ail. Couvrir et cuire 10 minutes de plus ou jusqu'à ce que les poivrons soient très tendres. Retirer du feu et incorporer le basilic.

3. Porter au moins 4 litres d'eau à ébullition dans une grande casserole. Ajoutez 2 cuillères à soupe de sel, puis les pâtes, en appuyant doucement jusqu'à ce que les pâtes soient complètement recouvertes d'eau. Bien mélanger. Cuire, en remuant souvent, jusqu'à ce que les spaghettis soient al dente, tendres mais encore fermes sous la dent. Réserver une partie de l'eau de cuisson. Égouttez les pâtes et ajoutez-les dans la poêle avec la sauce.

4. Cuire à feu moyen, en remuant constamment, pendant 1 minute. Bien mélanger en ajoutant un peu de l'eau de cuisson réservée. Ajouter le fromage et mélanger à nouveau. Sers immédiatement.

Penne aux courgettes, basilic et œufs

Penne aux courgettes et Uova

Donne 4 à 6 portions

Le mythe selon lequel les pâtes ont été "inventées" en Chine et importées en Italie par Marco Polo est tenace. Bien que les nouilles aient pu être consommées en Chine lors de la visite de Polo, les pâtes étaient bien connues en Italie bien avant son retour à Venise en 1279. Les archéologues ont trouvé des dessins et des ustensiles de cuisine qui ressemblent à des outils de fabrication de pâtes modernes, comme un rouleau à pâtisserie et roue de coupe, dans une tombe étrusque du IVe siècle avant J.-C., juste au nord de Rome. La légende peut probablement être attribuée à la représentation hollywoodienne de l'explorateur vénitien dans un film des années 1930 mettant en vedette Gary Cooper.

Dans cette recette napolitaine, la chaleur des pâtes et des légumes fait cuire les œufs jusqu'à ce qu'ils soient juste crémeux et légèrement pris.

4 courgettes moyennes (environ 1 1/4 livres), lavées

1/3 tasse d'huile d'olive

1 petit oignon, haché finement

Sel et poivre noir fraîchement moulu

3 gros oeufs

1/2 tasse de Pecorino Romano ou Parmigiano-Reggiano fraîchement râpé

1 livre de pennes

1/2 tasse de basilic ou de persil frais déchiré

1. Coupez les courgettes en bâtonnets de 1/4 de pouce d'épaisseur et d'environ 1 1/2 pouces de longueur. Essuyez les morceaux.

2. Verser l'huile dans une poêle assez grande pour contenir les pâtes cuites. Ajouter l'oignon et cuire à feu moyen, en remuant de temps en temps, jusqu'à ce qu'il ramollisse, environ 5 minutes. Ajouter les courgettes et cuire, en remuant fréquemment, jusqu'à ce qu'elles soient légèrement dorées, environ 10 minutes. Assaisonner au goût avec du sel et du poivre.

3. Dans un bol moyen, battre les œufs avec le fromage et saler et poivrer au goût.

4. Pendant la cuisson des courgettes, porter environ 4 litres d'eau à ébullition dans une grande casserole. Ajouter 2 cuillères à soupe

de sel et les pâtes. Bien mélanger. Cuire à feu vif, en remuant fréquemment, jusqu'à ce que les pâtes soient al dente, tendres mais encore fermes sous la dent. Réserver une partie de l'eau de cuisson. Égouttez les pâtes et ajoutez-les dans la poêle avec la sauce.

5. Mélanger les pâtes avec le mélange d'œufs. Ajouter le basilic et bien mélanger. Incorporer un peu d'eau de cuisson si les pâtes semblent sèches. Poivrer généreusement et servir aussitôt.

Pâtes aux petits pois et aux œufs

Pâtes au Piselli

Donne 4 portions

Ma mère faisait souvent ce plat à l'ancienne quand j'étais enfant. Elle a utilisé des pois en conserve, mais j'aime utiliser des pois surgelés car ils ont un goût plus frais et une texture plus ferme. Il peut sembler contraire à la tradition de casser les spaghettis en petits morceaux, mais c'est un indice sur les origines de cette recette. Lorsque les gens étaient pauvres et qu'il y avait beaucoup de bouches à nourrir, les ingrédients pouvaient facilement être étirés en ajoutant de l'eau supplémentaire et en faisant une soupe.

C'est l'un de ces plats de secours que je peux préparer à tout moment, car je suis rarement sans un paquet de petits pois dans le congélateur, des pâtes dans le garde-manger et quelques œufs au réfrigérateur. Parce que les pois, les œufs et les pâtes sont plutôt nourrissants, je prépare généralement cette quantité pour 4 portions. Ajoutez une livre complète de pâtes si vous voulez 6 à 8 portions.

¼ tasse d'huile d'olive

1 gros oignon, tranché finement

1 paquet (10 onces) de petits pois surgelés, partiellement décongelés

Sel et poivre noir fraîchement moulu

2 gros œufs

½ tasse de Parmigiano-Reggiano fraîchement râpé

½ livres de spaghettis ou de linguines, coupés en longueurs de 2 pouces

1. Verser l'huile dans une poêle assez grande pour contenir les pâtes. Ajouter l'oignon et cuire à feu moyen, en remuant de temps en temps, jusqu'à ce que l'oignon soit tendre et légèrement doré, environ 12 minutes. Incorporer les pois et cuire environ 5 minutes de plus, jusqu'à ce que les pois soient tendres. Assaisonnez avec du sel et du poivre.

2. Dans un bol moyen, battre les œufs avec le fromage et saler et poivrer au goût.

3. Porter au moins 4 litres d'eau à ébullition dans une grande casserole. Ajouter 2 cuillères à soupe de sel, puis les pâtes. Bien mélanger. Cuire à feu vif, en remuant fréquemment, jusqu'à ce que les pâtes soient tendres mais légèrement cuites. Égoutter les pâtes en réservant une partie de l'eau de cuisson.

4. Incorporer les pâtes dans la poêle avec les petits pois. Ajouter le mélange d'œufs et cuire à feu doux, en remuant constamment, environ 2 minutes, jusqu'à ce que les œufs soient légèrement pris. Ajouter un peu d'eau de cuisson si les pâtes semblent sèches. Sers immédiatement.

Linguine aux haricots verts, tomates et basilic

Linguines avec Fagiolini

Donne 4 à 6 portions

La ricotta salata est une forme de ricotta salée et pressée. Si vous n'en trouvez pas, remplacez-le par un fromage feta doux et non salé ou par de la ricotta fraîche et du pecorino râpé. Ces pâtes sont typiques des Pouilles.

12 onces de haricots verts, parés

Sel

¼ tasse d'huile d'olive

1 gousse d'ail, hachée finement

5 tomates moyennes, pelées, épépinées et hachées (environ 3 tasses)

Poivre noir fraîchement moulu

1 livre de linguines

½ tasse de basilic frais haché

1 tasse de salade de ricotta râpée, de feta douce ou de ricotta fraîche

1. Porter environ 4 litres d'eau à ébullition. Ajouter les haricots verts et saler au goût. Cuire 5 minutes ou jusqu'à ce qu'ils soient à peine tendres. Prélevez les haricots verts avec une écumoire ou une passoire, en réservant l'eau. Essuyez les haricots. Couper les haricots en longueurs de 1 pouce.

2. Verser l'huile dans une poêle assez grande pour contenir les pâtes cuites. Ajouter l'ail et cuire à feu moyen-doux jusqu'à ce qu'il soit légèrement doré, environ 2 minutes.

3. Ajouter les tomates et saler et poivrer au goût. Cuire, en remuant de temps en temps, jusqu'à ce que les tomates épaississent et que le jus s'évapore. Incorporer les haricots. Laisser mijoter 5 minutes de plus.

4. Pendant ce temps, ramenez la casserole d'eau à ébullition. Ajoutez 2 cuillères à soupe de sel, puis les linguines en les poussant doucement jusqu'à ce que les pâtes soient complètement recouvertes d'eau. Cuire à feu vif, en remuant fréquemment, jusqu'à ce que les pâtes soient al dente, tendres mais encore fermes sous la dent. Réserver une partie de l'eau de cuisson. Égouttez les pâtes et ajoutez-les dans la poêle avec la sauce.

5. Mélanger les linguines avec la sauce dans la poêle. Ajouter le basilic et le fromage et mélanger à nouveau à feu moyen jusqu'à ce que le fromage soit crémeux. Sers immédiatement.

Petites Oreilles à la Crème de Pommes de Terre et à la Roquette

Orecchiette con Crema di Patate

Donne 4 à 6 portions

La roquette sauvage pousse dans toutes les Pouilles. Il est croquant, avec une feuille étroite en dents de scie et une saveur de noisette attrayante. Les feuilles sont consommées crues et cuites, souvent avec des pâtes. Les pommes de terre sont féculentes, mais elles sont considérées comme un légume parmi d'autres en Italie, il n'y a donc aucun scrupule à les servir avec des pâtes, surtout dans les Pouilles. Les pommes de terre sont cuites jusqu'à ce qu'elles soient tendres, puis écrasées avec l'eau de cuisson jusqu'à consistance crémeuse.

2 pommes de terre moyennes bouillantes, environ 12 onces

Sel

¼ tasse d'huile d'olive

1 gousse d'ail, hachée finement

1 livre d'orecchiette ou de coquilles

2 bottes de roquette (environ 8 onces), tiges dures retirées, rincées et égouttées

Sel et poivre noir fraîchement moulu

1. Épluchez les pommes de terre et placez-les dans une petite casserole avec du sel au goût et de l'eau froide pour couvrir. Porter l'eau à ébullition et cuire les pommes de terre jusqu'à ce qu'elles soient tendres lorsqu'elles sont percées avec un couteau bien aiguisé, environ 20 minutes. Égoutter les pommes de terre en réservant l'eau.

2. Verser l'huile dans une casserole moyenne. Ajouter l'ail et cuire à feu moyen jusqu'à ce que l'ail soit doré, environ 2 minutes. Retirer du feu. Ajouter les pommes de terre et bien les écraser avec un pilon ou une fourchette, en remuant environ une tasse de l'eau réservée pour faire une fine "crème". Assaisonnez avec du sel et du poivre.

3. Porter à ébullition 4 litres d'eau. Ajouter 2 cuillères à soupe de sel, puis les pâtes. Bien mélanger. Cuire à feu vif, en remuant fréquemment, jusqu'à ce que les pâtes soient al dente, tendres mais fermes sous la dent. Ajouter la roquette et remuer une fois. Égoutter les pâtes et la roquette.

4. Remettre les pâtes et la roquette dans la casserole et ajouter la sauce aux pommes de terre. Cuire et remuer à feu doux, en ajoutant un peu plus d'eau de pomme de terre si nécessaire. Sers immédiatement.

Pâtes et pommes de terre

Pâtes et patates

Donne 6 portions

Comme les pâtes aux haricots ou aux lentilles, les pâtes et les pommes de terre sont un bel exemple de la cucina povera, la façon du sud de l'Italie de prendre quelques ingrédients humbles et de les transformer en plats délicieux. Lorsque les temps étaient vraiment maigres et qu'il y avait beaucoup de bouches à nourrir, la coutume était d'ajouter de l'eau supplémentaire, généralement le liquide restant de la cuisson des légumes ou de la cuisson des pâtes, en étirant ces plats d'une pâte à une soupe pour les faire aller plus loin.

¼ tasse d'huile d'olive

1 carotte moyenne, hachée

1 côte de céleri moyenne, hachée

1 oignon moyen, haché

2 gousses d'ail, hachées finement

2 cuillères à soupe de persil plat frais haché

3 cuillères à soupe de pâte de tomate

Sel et poivre noir fraîchement moulu

1 1/2 livres de pommes de terre bouillantes, pelées et hachées

1 livre de tubetti ou de petits coquillages

1/2 tasse de Pecorino Romano ou Parmigiano-Reggiano fraîchement râpé

1. Verser l'huile dans une grande casserole et ajouter les ingrédients hachés sauf les pommes de terre. Cuire à feu moyen, en remuant de temps en temps, jusqu'à ce qu'ils soient tendres et dorés, environ 15 à 20 minutes.

2. Incorporer la pâte de tomate et saler et poivrer au goût. Ajouter les pommes de terre et 4 tasses d'eau. Porter à ébullition et cuire jusqu'à ce que les pommes de terre soient très tendres, environ 30 minutes. Écraser quelques pommes de terre avec le dos d'une cuillère.

3. Porter environ 4 litres d'eau à ébullition dans une grande casserole. Ajouter 2 cuillères à soupe de sel, puis les pâtes. Bien mélanger. Cuire, en remuant souvent, jusqu'à ce que les pâtes soient al dente, tendres mais encore fermes sous la dent. Réserver une partie de l'eau de cuisson. Incorporer les pâtes au mélange de pommes de terre. Ajouter un peu d'eau de cuisson

réservée si nécessaire, mais le mélange doit rester assez épais. Incorporer le fromage et servir immédiatement.

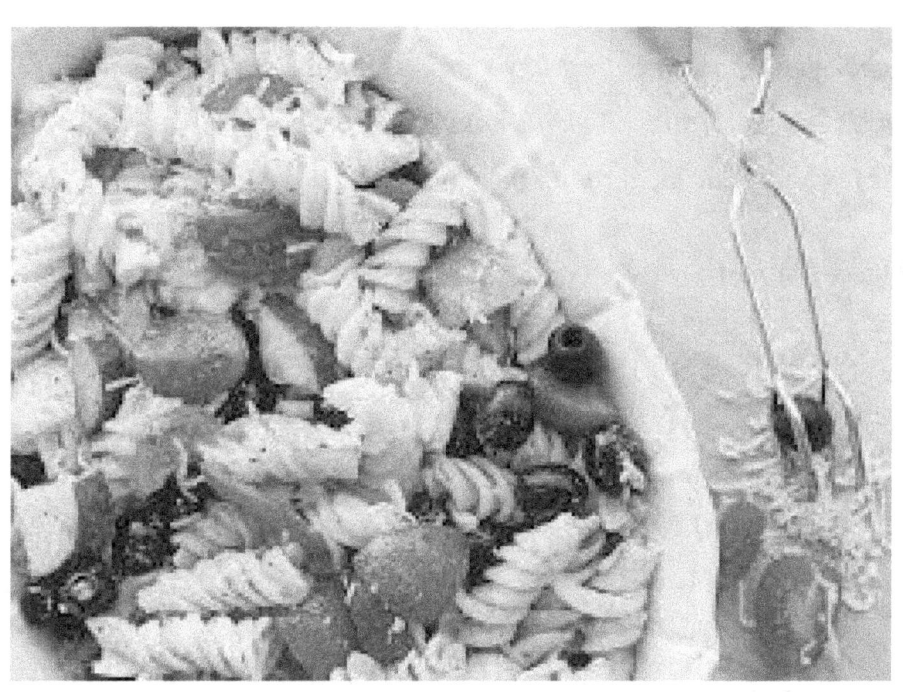

Coquilles au chou-fleur et au fromage

Conchiglie al Cavolfiore

Donne 6 portions

Le chou-fleur polyvalent est la vedette de nombreux plats de pâtes dans le sud de l'Italie. En Sicile, nous avons préparé ce plat simple avec le chou-fleur local teinté de violet.

1/2 tasse d'huile d'olive

1 oignon moyen, haché finement

1 chou-fleur moyen, paré et coupé en bouquets de la taille d'une bouchée

Sel

2 cuillères à soupe de persil plat frais haché

Poivre noir fraîchement moulu

1 livre de coquilles

3/4 tasse de Pecorino Romano fraîchement râpé

1. Verser l'huile dans une poêle assez grande pour contenir les pâtes cuites. Ajouter l'oignon et cuire à feu moyen 5 minutes.

Ajouter le chou-fleur et saler au goût. Couvrir et cuire 15 minutes ou jusqu'à ce que le chou-fleur soit tendre. Incorporer le persil et le poivre noir au goût.

2. Porter au moins 4 litres d'eau à ébullition dans une grande casserole. Ajouter 2 cuillères à soupe de sel, puis les pâtes. Bien mélanger. Cuire à feu vif, en remuant fréquemment, jusqu'à ce que les pâtes soient al dente, tendres mais encore fermes sous la dent. Égoutter les pâtes en réservant une partie de l'eau de cuisson.

3. Ajouter les pâtes dans la poêle avec le chou-fleur et bien mélanger à feu moyen. Ajouter un peu d'eau de cuisson si nécessaire. Ajouter le fromage et mélanger à nouveau avec une mouture généreuse de poivre noir. Sers immédiatement.

Pâtes au chou-fleur, safran et groseilles

Pâtes Arriminati

Donne 6 portions

Les variétés de chou-fleur siciliennes vont du blanc violet au vert pois et ont une saveur merveilleuse en automne et en hiver lorsqu'elles sont fraîchement récoltées. C'est l'une des nombreuses combinaisons siciliennes de pâtes et de chou-fleur. Le safran ajoute une couleur jaune doré et une saveur subtile tandis que les groseilles et les anchois ajoutent de la douceur et du salé. La chapelure grillée offre un léger croquant comme touche finale.

1 cuillère à café de filaments de safran

2/3 tasse de groseilles ou de raisins noirs

Sel

1 gros chou-fleur (environ 2 livres), paré et coupé en bouquets

1/3 tasse d'huile d'olive

1 oignon moyen, haché finement

6 filets d'anchois, égouttés et hachés

Poivre noir fraîchement moulu

⅓ tasse de pignons de pin, légèrement grillés

1 livre de penne ou de coquillages

¼ tasse de chapelure nature grillée

1. Dans un petit bol, saupoudrer les filaments de safran avec 2 cuillères à soupe d'eau chaude. Placer les groseilles dans un autre bol avec de l'eau chaude pour couvrir. Laissez les deux reposer environ 10 minutes.

2. Porter au moins 4 litres d'eau à ébullition dans une grande casserole. Ajouter 2 cuillères à soupe de sel et le chou-fleur. Cuire, en remuant fréquemment, jusqu'à ce que le chou-fleur soit très tendre lorsqu'on le pique avec un couteau, environ 10 minutes. Retirer le chou-fleur à l'aide d'une écumoire en réservant l'eau pour la cuisson des pâtes.

3. Verser l'huile dans une poêle assez grande pour contenir les pâtes cuites. Ajouter l'oignon et cuire à feu moyen 10 minutes. Ajouter les anchois et cuire 2 minutes de plus en remuant fréquemment jusqu'à ce qu'ils se dissolvent. Incorporer le safran et le liquide de trempage. Égouttez les groseilles et ajoutez-les dans la poêle.

4. Incorporer le chou-fleur cuit. Récupérer un peu d'eau de cuisson et l'ajouter dans la poêle avec le chou-fleur. Cuire 10 minutes en brisant le chou-fleur avec le dos d'une cuillère, jusqu'à ce qu'il soit en petits morceaux. Ajouter du sel et du poivre au goût. Incorporer les pignons de pin.

5. Pendant la cuisson du chou-fleur, porter à nouveau l'eau de cuisson à ébullition. Ajouter les pâtes et bien mélanger. Cuire à feu vif, en remuant fréquemment, jusqu'à ce que les pâtes soient al dente, tendres mais encore fermes sous la dent. Réserver une partie de l'eau de cuisson. Égouttez les pâtes, puis ajoutez-les dans la poêle avec le mélange de chou-fleur. Bien mélanger en ajoutant un peu d'eau de cuisson si les pâtes semblent sèches.

6. Servir les pâtes saupoudrées de chapelure grillée.

Noeuds Papillon aux Artichauts et Petits Pois

Farfalle avec Carciofi

Donne 4 à 6 portions

Bien que de nombreuses stations balnéaires italiennes ferment pendant les mois d'hiver, la plupart rouvrent pour Pâques. Ce fut le cas à Portofino une année où j'y étais, bien que le temps fût pluvieux et frais. Enfin le ciel s'est dégagé et le soleil est sorti, et mon mari et moi avons pu déjeuner sur la terrasse de notre hôtel face à la mer.

Nous avons commencé par ces pâtes, suivies d'un poisson entier, rôti aux olives. Le dessert était une tarte au citron. C'était un dîner de Pâques parfait.

Si vous n'avez pas de mini-artichauts, remplacez-les par des artichauts plus gros, coupés en quartiers.

1 livre de bébés artichauts

2 cuillères à soupe d'huile d'olive

1 petit oignon, haché finement

1 gousse d'ail, hachée finement

Sel et poivre noir fraîchement moulu

2 tasses de pois frais ou 1 paquet (10 onces) congelé

1/2 tasse de basilic frais haché ou de persil plat

1 livre de farfalle

1/2 tasse de Parmigiano-Reggiano fraîchement râpé

1. À l'aide d'un grand couteau, couper 1 pouce supérieur des artichauts. Rincez-les bien sous l'eau froide. Repliez-vous et cassez les petites feuilles autour de la base. Avec des ciseaux, coupez les sommets pointus des feuilles restantes. Décollez la peau extérieure dure des tiges et autour de la base. Couper les artichauts en deux. Utilisez un petit couteau à bout arrondi pour gratter les feuilles pelucheuses au centre. Trancher finement les artichauts.

2. Verser l'huile d'olive dans une poêle assez grande pour contenir les pâtes cuites. Ajouter l'oignon et l'ail et cuire, en remuant de temps en temps, à feu moyen 10 minutes. Ajouter les artichauts et 2 cuillères à soupe d'eau. Ajouter du sel et du poivre au goût. Cuire 10 minutes ou jusqu'à ce que les artichauts soient tendres.

3. Incorporer les pois. Cuire 5 minutes ou jusqu'à ce que les pois soient tendres. Retirer du feu et incorporer le basilic.

4. Porter au moins 4 litres d'eau à ébullition. Ajouter 2 cuillères à soupe de sel, puis les pâtes. Bien mélanger. Cuire, en remuant souvent, jusqu'à ce que les pâtes soient al dente, tendres mais encore fermes sous la dent. Réserver une partie de l'eau de cuisson. Égoutter les pâtes.

5. Mélanger les pâtes avec la sauce aux artichauts et un peu d'eau de cuisson si nécessaire. Ajouter un filet d'huile d'olive extra vierge et mélanger à nouveau. Mélanger avec le fromage et servir immédiatement.

Fettuccine aux artichauts et cèpes

Fettuccine con Carciofi e Porcini

Donne 4 à 6 portions

Les artichauts et les cèpes peuvent sembler être une combinaison inhabituelle, mais pas en Ligurie, où j'ai mangé ces pâtes. Parce que ce plat est si savoureux, le fromage râpé n'est pas nécessaire, surtout si vous le terminez avec de la bonne huile d'olive extra vierge.

1 once de cèpes séchés

1 tasse d'eau tiède

1 livre d'artichauts

¼ tasse d'huile d'olive

1 petit oignon, haché

1 gousse d'ail, hachée très finement

2 cuillères à soupe de persil plat frais haché

1 tasse de tomates fraîches pelées, épépinées et hachées ou de tomates italiennes importées en conserve égouttées et hachées

Sel et poivre noir fraîchement moulu

1 livre de fettuccine séchée

Huile d'olive vierge extra

1. Mettez les champignons dans l'eau et laissez tremper 30 minutes. Sortez les champignons de l'eau en réservant le liquide. Rincez les champignons sous l'eau courante froide pour enlever tout grain, en accordant une attention particulière aux extrémités des tiges où la terre s'accumule. Hachez grossièrement les champignons. Filtrer le liquide des champignons dans un bol. Mettre de côté.

2. À l'aide d'un grand couteau, couper 1 pouce supérieur des artichauts. Rincez-les bien sous l'eau froide. Repliez-vous et cassez les petites feuilles autour de la base. Avec des ciseaux, coupez les sommets pointus des feuilles restantes. Décollez la peau extérieure dure des tiges et autour de la base. Couper les artichauts en deux. Utilisez un petit couteau pour gratter les feuilles floues au centre. Trancher finement les artichauts.

3. Verser l'huile dans une poêle assez grande pour contenir les pâtes cuites. Ajouter l'oignon, les champignons, le persil et l'ail et cuire à feu moyen pendant 10 minutes. Incorporer les artichauts, les tomates, le sel et le poivre au goût. Cuire 10 minutes. Ajouter

le liquide aux champignons et cuire 10 minutes de plus ou jusqu'à ce que les artichauts soient tendres au couteau.

4. Porter 4 litres d'eau à ébullition dans une grande casserole. Ajouter 2 cuillères à soupe de sel, puis les pâtes. Bien mélanger. Cuire à feu vif, en remuant fréquemment, jusqu'à ce que les pâtes soient al dente, tendres mais encore fermes sous la dent. Réserver une partie de l'eau de cuisson. Égoutter les pâtes.

5. Mélanger les pâtes avec la sauce et un peu d'eau de cuisson si nécessaire. Arroser d'huile d'olive extra vierge et servir immédiatement.

Rigatoni au ragoût d'aubergine

Rigatoni au Ragù di Melanzane

Donne 4 à 6 portions

La viande est généralement ajoutée à la sauce tomate pour faire un ragù, mais cette version végétarienne de la Basilicate utilise l'aubergine car elle est également riche et savoureuse.

Rigaau nom d'une forme de pâte, comme les rigatoni ou les penne rigate, indique qu'elle a des arêtes qui agissent comme des pinces pour la sauce. Les rigatoni sont de grands tubes de pâtes rainurés. Leur épaisseur et leur grande forme complètent les ragoûts copieux avec des ingrédients épais.

¼ tasse d'huile d'olive

¼ tasse d'échalotes hachées

4 tasses d'aubergines hachées

½ tasse de poivron rouge haché

½ tasse de vin blanc sec

1 1/2 livres de tomates italiennes, pelées, épépinées et hachées, ou 2 tasses de tomates italiennes importées en conserve avec leur jus

Un brin de thym frais

Sel

Poivre noir fraîchement moulu

1 livre de rigatoni, penne ou farfalle

Huile d'olive extra vierge, pour arroser

1. Verser l'huile dans une grande poêle à fond épais. Ajouter les échalotes et cuire 1 minute à feu moyen. Ajouter l'aubergine et le poivron rouge. Cuire, en remuant fréquemment, jusqu'à ce que les légumes soient flétris, environ 10 minutes.

2. Ajouter le vin et cuire 1 minute jusqu'à évaporation.

3. Ajouter les tomates, le thym, le sel et le poivre au goût. Réduire le feu au minimum. Cuire, en remuant de temps à autre, 40 minutes ou jusqu'à ce que la sauce soit épaisse et que les légumes soient très tendres. Si le mélange devient trop sec, ajouter un peu d'eau. Retirez le thym.

4. Porter au moins 4 litres d'eau à ébullition dans une grande casserole. Ajouter 2 cuillères à soupe de sel, puis les pâtes. Bien

mélanger. Cuire à feu vif, en remuant fréquemment, jusqu'à ce que les pâtes soient al dente, tendres mais encore fermes sous la dent. Réserver une partie de l'eau de cuisson. Égoutter les pâtes et les transférer dans un bol de service chaud.

5. Napper de sauce et bien mélanger en ajoutant un peu d'eau de cuisson si nécessaire. Arroser d'un peu d'huile d'olive extra vierge et mélanger à nouveau. Sers immédiatement.

Spaghettis Siciliens aux Aubergines

Spaghettis à la Norma

Donne 4 à 6 portions

Norma est le nom d'un bel opéra composé par le sicilien Vincenzo Bellini. Ces pâtes à base d'aubergines, un légume bien-aimé en Sicile, ont été nommées en l'honneur de l'opéra.

La ricotta salata est une forme pressée de ricotta qui est bonne en tranches comme fromage à manger ou râpée sur des pâtes. Il existe aussi une version fumée qui est particulièrement délicieuse, même si je ne l'ai jamais vue en dehors de la Sicile. Si vous ne trouvez pas de ricotta salata, remplacez la feta, qui est très similaire, ou utilisez du Pecorino Romano.

1 aubergine moyenne, parée et coupée en tranches de 1/4 po d'épaisseur

Sel

Huile d'olive pour la friture

2 gousses d'ail, légèrement écrasées

Pincée de piment rouge concassé

3 livres de tomates italiennes mûres, pelées, épépinées et hachées, ou 1 (28 onces) de tomates italiennes pelées importées, égouttées et hachées

6 feuilles de basilic frais

1 livre de spaghettis

1 tasse de salade de ricotta râpée ou de pecorino romano

1. Étalez les tranches d'aubergine dans une passoire posée sur une assiette, en saupoudrant chaque couche de sel. Laisser reposer 30 à 60 minutes. Rincez les aubergines et essuyez-les bien avec du papier absorbant.

2. Versez environ 1/2 pouce d'huile dans une poêle épaisse et profonde. Chauffer l'huile à feu moyen jusqu'à ce qu'un petit morceau d'aubergine grésille lorsqu'il est placé dans la poêle. Faites frire les tranches d'aubergine quelques unes à la fois jusqu'à ce qu'elles soient dorées des deux côtés. Égoutter sur du papier absorbant.

3. Verser 3 cuillères à soupe d'huile dans une casserole moyenne. Ajouter l'ail et le poivron rouge broyé et cuire à feu moyen jusqu'à ce que l'ail soit bien doré, environ 4 minutes. Retirer l'ail. Ajouter les tomates et le sel au goût. Réduire le feu à doux et

laisser mijoter de 20 à 30 minutes ou jusqu'à ce que la sauce ait épaissi. Incorporer le basilic et éteindre le feu.

4. Porter au moins 4 litres d'eau à ébullition dans une grande casserole. Ajouter 2 cuillères à soupe de sel, puis les pâtes. Bien mélanger. Cuire à feu vif, en remuant fréquemment, jusqu'à ce que les pâtes soient al dente, tendres mais encore fermes sous la dent. Réserver une partie de l'eau de cuisson. Égoutter les pâtes.

5. Mélanger les pâtes avec la sauce dans un bol de service chaud, en ajoutant un peu d'eau de cuisson si nécessaire. Ajouter le fromage et mélanger à nouveau. Garnir de tranches d'aubergine et servir immédiatement.

Noeuds papillon avec brocoli, tomates, pignons de pin et raisins secs

Farfalle alla Siciliana

Donne 4 à 6 portions

Les pignons de pin ajoutent un croquant agréable et les raisins secs apportent de la douceur à ces délicieuses pâtes siciliennes. Le brocoli est cuit dans la même casserole que les pâtes, donc leurs saveurs se marient vraiment. Si vous vous retrouvez avec de grosses tomates rondes au lieu de la variété prune, vous pouvez les remplacer, même si la sauce sera plus fine et nécessitera peut-être une cuisson un peu plus longue.

⅓ tasse d'huile d'olive

2 gousses d'ail, hachées finement

Pincée de piment rouge concassé

2 1/2 livres de tomates italiennes fraîches (environ 15), pelées, épépinées et hachées

Sel et poivre noir fraîchement moulu

2 cuillères à soupe de raisins secs

1 livre de farfalle

1 bouquet moyen de brocoli, tiges retirées et coupées en petits bouquets

2 cuillères à soupe de pignons de pin grillés

1. Verser l'huile dans une poêle assez grande pour contenir les pâtes. Ajouter l'ail et le piment rouge broyé. Cuire à feu moyen jusqu'à ce que l'ail soit doré, environ 2 minutes. Ajouter les tomates et saler et poivrer au goût. Porter à ébullition et cuire jusqu'à ce que la sauce épaississe, 15 à 20 minutes. Incorporer les raisins secs et retirer du feu.

2. Porter au moins 4 litres d'eau à ébullition dans une grande casserole. Ajouter 2 cuillères à soupe de sel, puis les pâtes. Bien mélanger. Cuire, en remuant fréquemment, jusqu'à ce que l'eau revienne à ébullition.

3. Ajouter le brocoli aux pâtes. Cuire, en remuant fréquemment, jusqu'à ce que les pâtes soient al dente, tendres mais encore fermes sous la dent. Réserver une partie de l'eau de cuisson.

4. Égoutter les pâtes et le brocoli. Ajoutez-les dans la poêle avec les tomates en ajoutant un peu d'eau de cuisson si nécessaire. Bien remuer. Parsemez de pignons de pin et servez aussitôt.

Cavatelli aux feuilles d'ail et aux pommes de terre

Cavatelli con Verdure e Patate

Donne 4 à 6 portions

Laver les légumes verts n'est peut-être pas ma tâche préférée, mais trouver du sable dans ma nourriture est encore pire, alors je les lave au moins trois fois. Cela vaut la peine. Vous ne pouvez utiliser qu'une seule variété dans cette recette, mais un mélange de deux ou trois légumes verts différents ajoute une texture et une saveur intéressantes au plat.

Les pommes de terre de cette recette doivent être coupées en petits morceaux pour qu'elles cuisent avec les pâtes. Au final, elles sont un peu trop cuites et friables et ajoutent une onctuosité crémeuse aux pâtes.

1 1/2 livres de légumes verts assortis, tels que le brocoli rabe, le mizuna, la moutarde, le chou frisé ou les pissenlits, parés

Sel

1/3 tasse d'huile d'olive

4 gousses d'ail, tranchées finement

Pincée de piment rouge concassé

Sel et poivre noir fraîchement moulu

1 livre de cavatelli

1 livre de pommes de terre bouillantes, pelées et coupées en morceaux de 1/2 pouce

1. Remplissez un évier ou un grand bol d'eau froide. Ajouter les verts et les tourbillonner dans l'eau. Transférez les verts dans une passoire, changez l'eau, puis répétez au moins deux fois de plus pour éliminer toute trace de sable.

2. Porter une grande casserole d'eau à ébullition. Ajouter les verts et le sel au goût. Cuire jusqu'à ce que les verts soient tendres, 5 à 10 minutes, selon les variétés que vous utilisez. Égouttez les légumes et laissez-les refroidir légèrement sous l'eau courante froide. Couper les verts en bouchées.

3. Verser l'huile dans une poêle assez grande pour contenir les pâtes cuites. Ajouter l'ail et le piment rouge broyé. Cuire à feu moyen jusqu'à ce que l'ail soit doré, 2 minutes. Ajouter les verts et une pincée de sel. Cuire, en remuant, jusqu'à ce que les légumes soient enrobés d'huile, environ 5 minutes.

4. Porter au moins 4 litres d'eau à ébullition dans une grande casserole. Ajouter 2 cuillères à soupe de sel, puis les pâtes. Cuire, en remuant fréquemment, jusqu'à ce que l'eau revienne à ébullition. Ajouter les pommes de terre et cuire jusqu'à ce que les pâtes soient al dente, tendres mais fermes sous la dent. Réserver une partie de l'eau de cuisson. Égoutter les pâtes.

5. Ajouter les pâtes et les pommes de terre aux légumes verts et bien mélanger. Ajouter un peu de l'eau de cuisson réservée si les pâtes semblent sèches. Sers immédiatement.

Linguine aux courgettes

Linguine à la courgette

Donne 4 à 6 portions

Résistez à l'envie d'acheter des courgettes, sauf petites à moyennes, et dites non grâce aux amis jardiniers qui proposent désespérément des courges de la taille d'un teckel. Les courgettes géantes sont aqueuses, minables et insipides, mais celles de la longueur d'un hot-dog et pas plus épaisses qu'une saucisse hachée sont tendres et délicieuses.

J'aime particulièrement le Pecorino Romano, un fromage au lait de brebis piquant et acidulé du sud de l'Italie, dans cette recette.

6 petites courgettes vertes ou jaunes (environ 2 livres)

1/3 tasse d'huile d'olive

3 gousses d'ail, hachées finement

Sel et poivre noir fraîchement moulu

1/4 tasse de basilic frais haché

2 cuillères à soupe de persil plat frais haché

1 cuillère à soupe de thym frais haché

1 livre de linguines

1/2 tasse de Pecorino Romano fraîchement râpé

1. Frotter les courgettes sous l'eau froide. Coupez les extrémités. Couper en quartiers dans le sens de la longueur, puis en tranches.

2. Dans une poêle assez grande pour contenir les pâtes, chauffer l'huile à feu moyen. Ajouter les courgettes et cuire, en remuant de temps en temps, jusqu'à ce qu'elles soient légèrement dorées et tendres, environ 10 minutes. Poussez les courgettes sur le côté de la casserole et ajoutez l'ail, le sel et le poivre. Cuire 2 minutes. Ajouter les herbes, remuer les courgettes dans les assaisonnements, puis retirer du feu.

3. Pendant que les courgettes cuisent, porter à ébullition 4 litres d'eau dans une grande casserole. Ajouter 2 cuillères à soupe de sel, puis les pâtes. Bien mélanger. Cuire à feu vif, en remuant fréquemment, jusqu'à ce que les pâtes soient al dente, tendres mais fermes sous la dent. Réserver une partie de l'eau de cuisson.

4. Égoutter les pâtes. Mettre les pâtes dans la poêle avec les courgettes. Mélangez bien en ajoutant un peu d'eau de cuisson si nécessaire. Ajouter le fromage et mélanger à nouveau. Sers immédiatement.

Penne aux Légumes Grillés

Pasta con Verdure alla Griglia

Donne 4 à 6 portions

Bien que je laisse normalement la peau sur les aubergines, la cuisson a tendance à rendre la peau dure, alors je la décolle avant d'allumer le gril. De plus, si vos aubergines ne sont pas fraîchement sorties de la ferme, vous voudrez peut-être les saler avant la cuisson pour réduire l'amertume, qui augmente à mesure que le légume mûrit. Pour cela, épluchez et tranchez l'aubergine, puis disposez les tranches dans une passoire en saupoudrant chaque couche de gros sel. Laisser reposer 30 à 60 minutes pour éliminer le liquide. Rincez le sel, séchez-le et faites cuire comme indiqué.

2 livres de tomates italiennes (environ 12)

Huile d'olive

1 aubergine moyenne, pelée et coupée en tranches épaisses

2 oignons doux rouges ou blancs moyens, tranchés épais

Sel et poivre noir fraîchement moulu

2 gousses d'ail, hachées très finement

12 feuilles de basilic frais, déchirées en petits morceaux

1 livre de pennes

½ tasse de Pecorino Romano fraîchement râpé

1. Placez une grille de barbecue ou une grille à griller à environ 4 pouces de la source de chaleur. Préchauffer le gril ou le gril. Placer les tomates sur le gril. Cuire, en les retournant fréquemment avec des pinces, jusqu'à ce que les tomates soient ramollies et que la peau soit légèrement carbonisée et desserrée. Retirer les tomates. Badigeonnez les tranches d'aubergine et d'oignon d'huile et saupoudrez-les de sel et de poivre. Griller jusqu'à ce que les légumes soient tendres et dorés mais pas noircis, environ 5 minutes de chaque côté.

2. Enlevez la peau des tomates et découpez les extrémités des tiges. Mettez les tomates dans un grand bol de service et écrasez-les bien à la fourchette. Incorporer l'ail, le basilic, 1/4 tasse d'huile, le sel et le poivre au goût.

3. Couper les aubergines et les oignons en fines lanières et les ajouter aux tomates.

4. Porter au moins 4 litres d'eau à ébullition dans une grande casserole. Ajouter 2 cuillères à soupe de sel, puis les pâtes. Bien

mélanger. Cuire à feu vif, en remuant fréquemment, jusqu'à ce que les pâtes soient al dente, tendres mais fermes sous la dent. Réserver une partie du liquide de cuisson.

5. Égoutter les pâtes. Dans un grand bol de service, mélanger les pâtes avec les légumes. Ajouter un peu d'eau de cuisson si les pâtes semblent sèches. Ajouter le fromage et servir immédiatement.

Penne aux champignons, ail et romarin

Penne aux champignons

Donne 4 à 6 portions

Vous pouvez utiliser n'importe quel type de champignon que vous aimez dans cette recette, comme l'huître, le shiitake, le cremini ou la variété blanche standard. Une combinaison est particulièrement bonne. Si vous avez de vrais champignons sauvages, comme les morilles, assurez-vous de bien les nettoyer, car ils peuvent être très granuleux.

¼ tasse d'huile d'olive

1 livre de champignons, tranchés finement

2 grosses gousses d'ail, hachées finement

2 cuillères à café de romarin frais haché très finement

Sel et poivre noir fraîchement moulu

1 livre de penne ou farfalle

2 cuillères à soupe de beurre non salé

2 cuillères à soupe de persil frais haché

1. Dans une poêle assez grande pour contenir les pâtes, chauffer l'huile à feu moyen. Ajouter les champignons, l'ail et le romarin. Cuire, en remuant fréquemment, jusqu'à ce que les champignons commencent à libérer leur liquide, environ 10 minutes. Ajouter du sel et du poivre au goût. Cuire, en remuant souvent, jusqu'à ce que les champignons soient légèrement dorés, environ 5 minutes de plus.

2. Porter au moins 4 litres d'eau à ébullition dans une grande casserole. Ajouter 2 cuillères à soupe de sel, puis les pâtes. Bien mélanger. Cuire à feu vif, en remuant fréquemment, jusqu'à ce que les pâtes soient al dente, tendres mais fermes sous la dent. Réserver une partie de l'eau de cuisson.

3. Égoutter les pâtes. Mélanger les pâtes dans la poêle avec les champignons, le beurre et le persil. Ajouter un peu d'eau de cuisson si les pâtes semblent sèches. Sers immédiatement.

Linguine aux betteraves et à l'ail

Linguine con Barbabietole

Donne 4 à 6 portions

Les pâtes et les betteraves peuvent sembler être une combinaison inhabituelle, mais depuis que je les ai goûtées dans une petite ville de la côte d'Émilie-Romagne, c'est l'une de mes préférées. Non seulement c'est délicieux, mais c'est aussi l'un des plus beaux plats de pâtes que je connaisse. Tout le monde sera étonné de sa superbe couleur. Faites-le à la fin de l'été et au début de l'automne, lorsque les betteraves rouges fraîches sont les plus sucrées.

8 betteraves rouges moyennes, parées

⅓ tasse d'huile d'olive

3 gousses d'ail, hachées finement

Pincée de piment rouge broyé, ou au goût

Sel

1 livre de linguines

1. Placer une grille au centre du four. Préchauffer le four à 450°F. Frotter les betteraves et les envelopper dans une grande feuille de papier d'aluminium en scellant hermétiquement. Placer le paquet sur une plaque à pâtisserie. Cuire au four de 45 à 75 minutes, selon la taille, ou jusqu'à ce que les betteraves soient tendres lorsqu'elles sont percées à travers le papier d'aluminium avec un couteau bien aiguisé. Laissez les betteraves refroidir dans le papier d'aluminium. Pelez et hachez les betteraves.

2. Verser l'huile dans une poêle assez grande pour contenir les pâtes cuites. Ajouter l'ail et le piment rouge broyé. Cuire à feu moyen jusqu'à ce que l'ail soit doré, environ 2 minutes. Ajouter les betteraves et les incorporer au mélange d'huile jusqu'à ce qu'elles soient juste chaudes.

3. Porter au moins 4 litres d'eau à ébullition dans une grande casserole. Ajouter 2 cuillères à soupe de sel, puis les pâtes. Bien mélanger. Cuire à feu vif, en remuant fréquemment, jusqu'à ce que les pâtes soient al dente, tendres mais fermes sous la dent.

4. Égoutter les pâtes en réservant une partie de l'eau de cuisson. Verser les linguines dans la poêle avec les betteraves. Ajouter un peu d'eau de cuisson et cuire à feu moyen en retournant les pâtes avec une fourchette et une cuillère jusqu'à ce qu'elles soient uniformément colorées, environ 2 minutes. Sers immédiatement.

Noeuds papillon avec betteraves et légumes verts

Farfalle avec Barbabietole

Donne 4 à 6 portions

Il s'agit d'une variante de la Linguine aux betteraves et à l'ail recette, en utilisant à la fois les betteraves et les feuilles de betterave. Si le dessus des betteraves semble mou ou brun, substituez environ une livre d'épinards frais, de bette à carde ou d'autres légumes verts.

1 botte de betteraves rouges fraîches avec fanes (4 à 5 betteraves)

⅓ tasse d'huile d'olive

2 grosses gousses d'ail, hachées finement

Sel et poivre noir fraîchement moulu

1 livre de farfalle

4 onces de ricotta salata, râpée

1. Placer une grille au centre du four. Préchauffer le four à 450°F. Couper les feuilles de betterave et réserver. Frotter les betteraves et les envelopper dans une grande feuille de papier d'aluminium en scellant hermétiquement. Placer le paquet sur une plaque à pâtisserie. Cuire au four de 45 à 75 minutes, selon

la taille, ou jusqu'à ce que les betteraves soient tendres lorsqu'elles sont percées à travers le papier d'aluminium avec un couteau bien aiguisé. Laissez les betteraves refroidir dans le papier d'aluminium. Déballez le papier d'aluminium, puis épluchez et hachez les betteraves.

2. Lavez bien les légumes verts et retirez les tiges dures. Porter une grande casserole d'eau à ébullition. Ajouter les verts et le sel au goût. Cuire 5 minutes ou jusqu'à ce que les légumes soient presque tendres. Égoutter les verts et les refroidir sous l'eau courante. Hacher grossièrement les verts.

3. Versez l'huile dans une poêle assez grande pour contenir toutes les pâtes et les légumes. Ajouter l'ail. Cuire à feu moyen jusqu'à ce que l'ail soit doré, environ 2 minutes. Ajouter les betteraves et les verts et une pincée de sel et de poivre. Cuire, en remuant, environ 5 minutes ou jusqu'à ce que les légumes soient bien chauds.

4. Porter au moins 4 litres d'eau à ébullition dans une grande casserole. Ajouter 2 cuillères à soupe de sel, puis les pâtes. Bien mélanger. Cuire à feu vif, en remuant fréquemment, jusqu'à ce que les pâtes soient al dente, tendres mais fermes sous la dent.

5. Égoutter les pâtes en réservant une partie de l'eau de cuisson. Ajouter les pâtes dans la poêle avec les betteraves. Ajouter un peu d'eau de cuisson et cuire, en remuant constamment les pâtes, jusqu'à ce qu'elles soient uniformément colorées, environ 1 minute. Ajouter le fromage et remuer à nouveau. Servir immédiatement en saupoudrant généreusement de poivre noir fraîchement moulu.

Pâtes avec Salade

Pâtes à l'insalata

Donne 4 à 6 portions

Les pâtes mélangées à une salade de légumes frais sont un joli plat d'été léger. J'ai eu ça en visitant des amis dans le Piémont. Ne le laissez pas reposer trop longtemps ou les légumes perdront leur saveur et leur apparence brillantes.

2 tomates moyennes, hachées

1 bulbe de fenouil moyen, paré et coupé en bouchées

1 petit oignon rouge, haché

¼ tasse d'huile d'olive extra vierge

2 cuillères à soupe de basilic coupé en fines lamelles

Sel et poivre noir fraîchement moulu

2 tasses de roquette parée, déchirée en bouchées

Coudes de 1 livre

1. Dans un grand bol de service, mélanger les tomates, le fenouil, l'oignon, l'huile d'olive, le basilic, le sel et le poivre au goût. Bien mélanger. Garnir de roquette.

2. Porter au moins 4 litres d'eau à ébullition dans une grande casserole. Ajouter 2 cuillères à soupe de sel, puis les pâtes. Cuire à feu vif, en remuant fréquemment, jusqu'à ce que les pâtes soient al dente, tendres mais fermes sous la dent. Réserver une partie de l'eau de cuisson. Égoutter les pâtes.

3. Mélanger les pâtes avec le mélange de salade. Ajouter un peu d'eau de cuisson si les pâtes semblent sèches. Sers immédiatement.

Fusilli aux tomates rôties

Fusilli con Pomodori al Forno

Donne 4 à 6 portions

Les tomates rôties sont un plat d'accompagnement préféré dans ma maison, quelque chose que je sers avec du poisson, des côtelettes de veau ou un steak. Un jour, j'avais préparé une grande casserole pleine, mais je n'avais rien pour les servir à part des pâtes sèches. J'ai mélangé les tomates rôties et leur jus avec des fusilli fraîchement cuits. Maintenant j'en fais tout le temps.

2 livres de tomates italiennes mûres (environ 12 à 14), coupées en tranches de 1/4 de pouce d'épaisseur

3 grosses gousses d'ail, hachées finement

1/2 cuillère à café d'origan séché

Sel et poivre noir fraîchement moulu

1/3 tasse d'huile d'olive

1 livre de fusilli

1/2 tasse de basilic frais haché ou de persil plat

1. Placer une grille au centre du four. Préchauffer le four à 400°F. Huiler un plat allant au four ou une rôtissoire de 13 × 9 × 2 pouces.

2. Répartir la moitié des tranches de tomates dans le plat préparé. Saupoudrer d'ail, d'origan, de sel et de poivre au goût. Garnir avec les tomates restantes. Arroser d'huile.

3. Cuire jusqu'à ce que les tomates soient très tendres, 30 à 40 minutes. Sortir le plat du four.

4. Porter au moins 4 litres d'eau à ébullition dans une grande casserole. Ajouter 2 cuillères à soupe de sel, puis les pâtes. Bien mélanger. Cuire à feu vif, en remuant fréquemment, jusqu'à ce que les pâtes soient al dente, tendres mais fermes sous la dent. Égoutter les pâtes en réservant une partie de l'eau de cuisson.

5. Déposer les pâtes sur les tomates cuites et bien mélanger. Ajouter le basilic ou le persil et mélanger à nouveau, en ajoutant un peu d'eau de cuisson réservée si les pâtes semblent sèches. Sers immédiatement.

Coudes avec pommes de terre, tomates et roquette

La Bandière

Donne 6 à 8 portions

Dans les Pouilles, ces pâtes sont appelées "le drapeau", car elles ont le rouge, le blanc et le vert du drapeau italien. Certains cuisiniers le préparent avec plus de liquide et le servent en soupe.

¼ tasse d'huile d'olive

2 grosses gousses d'ail, hachées finement

Pincée de piment rouge concassé

1 1/2 livres de tomates italiennes mûres, pelées, épépinées et hachées (environ 3 tasses)

2 cuillères à soupe de basilic frais haché

Sel et poivre noir fraîchement moulu

Coudes de 1 livre

3 pommes de terre bouillantes moyennes (1 livre), pelées et coupées en morceaux de 1/2 pouce

2 bottes de roquette, parées et coupées en longueurs de 1 pouce (environ 4 tasses)

⅓ tasse de Pecorino Romano fraîchement râpé

1. Verser l'huile dans une poêle assez grande pour contenir les pâtes. Ajouter l'ail et le piment rouge broyé. Cuire à feu moyen jusqu'à ce que l'ail soit doré, 2 minutes.

2. Ajouter les tomates, le basilic, saler et poivrer au goût. Porter à ébullition et cuire, en remuant de temps en temps, jusqu'à ce que la sauce épaississe légèrement, environ 10 minutes.

3. Porter au moins 4 litres d'eau à ébullition dans une grande casserole. Ajouter 2 cuillères à soupe de sel, puis les pâtes. Bien mélanger. Lorsque l'eau revient à ébullition, incorporer les pommes de terre. Cuire, en remuant fréquemment, jusqu'à ce que les pâtes soient al dente, tendres mais fermes sous la dent.

4. Égoutter les pâtes et les pommes de terre en réservant une partie de l'eau de cuisson. Incorporer les pâtes, les pommes de terre et la roquette dans la sauce tomate frémissante. Cuire, en remuant, 1 à 2 minutes ou jusqu'à ce que les pâtes et les légumes soient bien enrobés de sauce. Ajouter un peu d'eau de cuisson réservée si les pâtes semblent sèches.

5. Incorporer le fromage et servir immédiatement.

Linguine à la romaine

Linguine à la Ciociara

Donne 4 à 6 portions

Mes amis Diane Darrow et Tom Maresca, qui écrivent sur le vin et la cuisine italienne, m'ont fait découvrir ces pâtes romaines. Le nom signifie "style de paysanne" dans le dialecte local. La saveur fraîche et herbacée du poivron vert rend ces pâtes simples inhabituelles.

1 poivron vert moyen

½ tasse d'huile d'olive

2 tasses de tomates fraîches pelées, épépinées et hachées ou de tomates italiennes importées en conserve égouttées et hachées

½ tasse de Gaeta grossièrement hachée ou d'autres olives noires douces séchées à l'huile

Sel

Pincée de piment rouge concassé

1 livre de linguines ou de spaghettis

½ tasse de Pecorino Romano fraîchement râpé

1. Coupez le poivron en deux et retirez la tige et les graines. Coupez le poivron en tranches très fines dans le sens de la longueur, puis coupez les tranches en trois dans le sens de la largeur.

2. Dans une poêle assez grande pour contenir les spaghettis cuits, chauffer l'huile à feu moyen. Ajouter les tomates, le poivre, les olives, le sel au goût et le piment rouge broyé. Porter à ébullition et cuire, en remuant de temps en temps, jusqu'à ce que la sauce ait légèrement épaissi, environ 20 minutes.

3. Porter au moins 4 litres d'eau à ébullition dans une grande casserole. Ajouter 2 cuillères à soupe de sel, puis les pâtes. Bien mélanger. Cuire à feu vif, en remuant fréquemment, jusqu'à ce que les pâtes soient al dente, tendres mais encore fermes sous la dent. Égoutter les pâtes en réservant une partie de l'eau de cuisson.

4. Ajouter les pâtes dans la poêle avec la sauce. Cuire et remuer à feu moyen pendant 1 minute, en ajoutant un peu d'eau de cuisson réservée si les pâtes semblent sèches. Ajouter le fromage et mélanger à nouveau. Sers immédiatement.

Penne aux légumes printaniers et à l'ail

Penne à la Primavera

Donne 4 à 6 portions

Bien que la façon classique de faire une sauce primavera soit avec de la crème épaisse et du beurre, cette méthode à base d'huile d'olive aromatisée à l'ail est également bonne.

¼ tasse d'huile d'olive

4 gousses d'ail, hachées finement

8 asperges, coupées en bouchées

4 oignons verts, coupés en tranches de 1/4 po

3 très petites courgettes (environ 12 onces), coupées en tranches de 1/4 de pouce

2 carottes moyennes, coupées en tranches de 1/4 po

2 cuillères à soupe d'eau

Sel et poivre noir fraîchement moulu

2 tasses de petites tomates cerises ou raisins, coupées en deux

3 cuillères à soupe de persil plat frais haché

½ tasse de Pecorino Romano fraîchement râpé

1. Verser l'huile dans une poêle assez grande pour contenir les pâtes. Ajouter l'ail et cuire à feu moyen pendant 2 minutes. Incorporer les asperges, les oignons verts, les courgettes, les carottes, l'eau, le sel et le poivre au goût. Couvrez la casserole et baissez le feu. Cuire jusqu'à ce que les carottes soient presque tendres, 5 à 10 minutes.

2. Porter au moins 4 litres d'eau à ébullition dans une grande casserole. Ajouter 2 cuillères à soupe de sel, puis les pâtes. Bien mélanger. Cuire à feu vif, en remuant fréquemment, jusqu'à ce que les pâtes soient al dente, tendres mais encore fermes sous la dent. Égoutter les pâtes en réservant une partie de l'eau de cuisson.

3. Incorporer les tomates et le persil dans la poêle avec les légumes et bien mélanger. Ajouter les pâtes et le fromage et mélanger à nouveau, en ajoutant un peu d'eau de cuisson réservée si les pâtes semblent sèches. Sers immédiatement.

Pâtes "Traînées" à la Crème et aux Champignons

Pâtes Strascinata

Donne 4 à 6 portions

La principale raison de visiter Torgiano en Ombrie est de séjourner au Tre Vaselle, une belle auberge de campagne avec un restaurant raffiné. Mon mari et moi avons mangé ces pâtes "traînées" inhabituelles il y a quelques années. Des tubes de pâtes courts et pointus appelés pennettes étaient cuits directement dans la sauce, à la manière d'un risotto. Je n'ai jamais vu de pâtes cuites de cette façon ailleurs.

Parce que la technique est assez différente, assurez-vous de lire la recette avant de commencer et d'avoir le bouillon chauffé et tous les ingrédients à portée de main avant de commencer.

La famille de vignerons Lungarotti possède Le Tre Vaselle, et l'un de leurs excellents vins rouges, comme le Rubesco, serait idéal avec ces pâtes.

1 oignon moyen, haché finement

6 cuillères à soupe d'huile d'olive

1 livre pennette, ditalini ou tubetti

2 cuillères à soupe de cognac

5 tasses chaudes faites maisonBouillon de ViandeouBouillon de pouletou 2 tasses de bouillon en conserve mélangé avec 3 tasses d'eau

8 onces de champignons blancs tranchés

Sel et poivre noir fraîchement moulu

¾ tasse de crème épaisse

1 tasse de Parmigiano-Reggiano fraîchement râpé

1 cuillère à soupe de persil plat frais haché

1. Dans une poêle assez grande pour contenir toutes les pâtes, faites cuire l'oignon dans 2 cuillères à soupe d'huile à feu moyen jusqu'à ce qu'il soit tendre et doré, environ 10 minutes. Grattez l'oignon dans un plat et essuyez la poêle.

2. Versez les 4 cuillères à soupe d'huile restantes dans la poêle et faites chauffer à feu moyen. Ajouter les pâtes et cuire, en remuant souvent, jusqu'à ce que les pâtes commencent à dorer, environ 5 minutes. Ajouter le Cognac et cuire jusqu'à évaporation.

3. Remettre l'oignon dans la poêle et incorporer 2 tasses de bouillon chaud. Baisser le feu à moyen-élevé et cuire, en remuant souvent, jusqu'à ce que la majeure partie du bouillon soit absorbée. Incorporer 2 autres tasses de bouillon. Lorsque la majeure partie du liquide est absorbée, incorporer les champignons. Pendant que vous continuez à remuer, ajoutez le reste du bouillon un peu à la fois au besoin pour garder les pâtes humides. Assaisonner au goût avec du sel et du poivre.

4. Après environ 12 minutes à partir du moment où vous avez commencé à ajouter le bouillon, les pâtes doivent être presque al dente, tendres mais fermes sous la dent. Incorporer la crème et laisser mijoter jusqu'à ce qu'elle épaississe légèrement, environ 1 minute.

5. Retirer la casserole du feu et incorporer le fromage. Incorporer le persil et servir aussitôt.

Pâtes romaines à la tomate et à la mozzarella

Pâtes à la Checca

Donne 4 à 6 portions

Lorsque mon mari a goûté ces pâtes pour la première fois à Rome, il les a tellement aimées qu'il les a mangées pratiquement tous les jours de notre séjour. Assurez-vous d'utiliser une mozzarella fraîche crémeuse et des tomates bien mûres. Ce sont les pâtes parfaites pour les jours d'été.

3 tomates mûres de taille moyenne

¼ tasse d'huile d'olive extra vierge

1 petite gousse d'ail, hachée finement

Sel et poivre noir fraîchement moulu

20 feuilles de basilic

1 livre de tubetti ou ditalini

8 onces de mozzarella fraîche, coupée en petits dés

1. Coupez les tomates en deux et retirez les noyaux. Pressez les graines de tomates. Hachez les tomates et placez-les dans un bol assez grand pour contenir tous les ingrédients.

2. Incorporer l'huile, l'ail, le sel et le poivre au goût. Empilez les feuilles de basilic et coupez-les en fines lanières. Incorporer le basilic aux tomates. Cette sauce peut être préparée à l'avance et conservée à température ambiante jusqu'à 2 heures.

3. Porter au moins 4 litres d'eau à ébullition dans une grande casserole. Ajouter 2 cuillères à soupe de sel, puis les pâtes. Bien mélanger. Cuire à feu vif, en remuant fréquemment, jusqu'à ce que les pâtes soient al dente, tendres mais encore fermes sous la dent. Égouttez les pâtes et mélangez-les avec la sauce. Ajouter la mozzarella et mélanger à nouveau. Sers immédiatement.

Fusilli au Thon et Tomates

Fusilli al Tonno

Donne 4 à 6 portions

Autant j'aime les bons steaks de thon frais grillés saignants, autant je pense que j'aime encore plus le thon en conserve. Il fait d'excellents sandwichs et salades, bien sûr, mais les Italiens ont un certain nombre d'autres utilisations, comme dans le classique Vitello Tonnato (<u>Veau à la sauce au thon</u>) pour le veau, ou en pâté, ou en accompagnement de pâtes, comme le font souvent les cuisiniers en Sicile. N'utilisez pas de thon conservé dans l'eau pour cette sauce. Le goût est trop fade et la texture trop molle. Pour une meilleure saveur et texture, utilisez une bonne marque de thon emballé à l'huile d'olive d'Italie ou d'Espagne.

3 tomates moyennes, hachées

1 boîte (7 onces) de thon italien ou espagnol importé emballé dans de l'huile d'olive

10 feuilles de basilic frais, hachées

½ cuillère à café d'origan séché, émietté

Pincée de piment rouge concassé

Sel

1 livre de fusilli ou de rotelle

1. Dans un grand bol de service, mélanger les tomates, le thon avec son huile, le basilic, l'origan, le poivron rouge et le sel au goût.

2. Porter au moins 4 litres d'eau à ébullition dans une grande casserole. Ajouter 2 cuillères à soupe de sel, puis les pâtes. Bien mélanger. Cuire à feu vif, en remuant fréquemment, jusqu'à ce que les pâtes soient al dente, tendres mais encore fermes sous la dent. Réserver une partie de l'eau de cuisson. Égoutter les pâtes.

3. Mélanger les pâtes avec la sauce. Ajouter un peu d'eau de cuisson si les pâtes semblent sèches. Sers immédiatement.

Linguine au pesto sicilien

Linguine au pesto trapanese

Donne 4 à 6 portions

La sauce pesto est généralement associée à la Ligurie, mais cela concerne principalement le basilic et l'ail. Le pesto en italien fait référence à tout ce qui est pilé, haché ou écrasé, c'est ainsi que cette sauce est généralement préparée à Trapani, une ville balnéaire de l'ouest de la Sicile.

Il y a beaucoup de saveur dans ce plat; aucun fromage n'est nécessaire.

1/2 tasse d'amandes émondées

2 grosses gousses d'ail

1/2 tasse de feuilles de basilic frais tassées

Sel et poivre noir fraîchement moulu

1 livre de tomates fraîches, pelées, épépinées et hachées

1/3 tasse d'huile d'olive extra vierge

1 livre de linguines

1. Dans un robot culinaire ou un mélangeur, mélanger les amandes, l'ail, le basilic et le sel et le poivre au goût. Hacher finement les ingrédients. Ajouter les tomates et l'huile et mélanger jusqu'à consistance lisse.

2. Porter au moins 4 litres d'eau à ébullition dans une grande casserole. Ajoutez 2 cuillères à soupe de sel, puis les pâtes, en appuyant doucement jusqu'à ce que les pâtes soient complètement recouvertes d'eau. Bien mélanger. Cuire à feu vif, en remuant fréquemment, jusqu'à ce que les pâtes soient al dente, tendres mais encore fermes sous la dent. Réserver une partie de l'eau de cuisson. Égoutter les pâtes.

3. Verser les pâtes dans un grand bol de service chaud. Ajouter la sauce et bien mélanger. Ajouter un peu de l'eau de cuisson réservée si les pâtes semblent sèches. Sers immédiatement.

Spaghettis au Pesto "Crazy"

Spaghetti au Pesto Matto

Donne 4 à 6 portions

Cette recette est adaptée d'un livret "Les Plaisirs de Cuisiner les Pâtes", édité par la société de pâtes Agnesi en Italie. Les recettes ont été soumises par des cuisiniers amateurs, et l'auteur de cette recette a probablement improvisé ce pesto non traditionnel (d'où son nom).

2 tomates mûres moyennes, pelées, épépinées et hachées

½ tasse d'olives noires hachées

6 feuilles de basilic, empilées et coupées en fines lanières

1 cuillère à soupe de thym frais haché

¼ tasse d'huile d'olive

Sel et poivre noir fraîchement moulu

1 livre de spaghetti ou linguine

4 onces de fromage de chèvre frais doux

1. Dans un grand bol de service, mélanger les tomates, les olives, le basilic, le thym, l'huile, le sel et le poivre au goût.

2. Porter au moins 4 litres d'eau à ébullition dans une grande casserole. Ajoutez 2 cuillères à soupe de sel, puis les pâtes, en appuyant doucement jusqu'à ce que les pâtes soient complètement recouvertes d'eau. Bien mélanger. Cuire à feu vif, en remuant fréquemment, jusqu'à ce que les pâtes soient tendres. Égoutter les pâtes.

3. Ajouter les pâtes dans le bol avec les tomates et bien mélanger. Ajouter le fromage de chèvre et mélanger à nouveau. Sers immédiatement.

Noeuds papillon avec sauce puttanesca non cuite

Farfalle alla Puttanesca

Donne 4 à 6 portions

Les ingrédients de cette sauce pour pâtes sont similaires à ceux de<u>Linguine aux anchois et sauce tomate épicée</u>, mais la saveur est tout autre, car cette sauce ne nécessite aucune cuisson.

1 pinte de tomates cerises ou raisins, coupées en deux

6 à 8 filets d'anchois hachés

1 grosse gousse d'ail, hachée très finement

½ tasse de Gaeta dénoyautées et hachées ou d'autres olives noires douces

¼ tasse de persil plat frais haché finement

2 cuillères à soupe de câpres, rincées et hachées

½ cuillère à café d'origan séché

¼ tasse d'huile d'olive extra vierge

Sel au goût

Pincée de piment rouge concassé

1 livre de farfalle ou fettuccine séchée

1. Dans un grand bol de service, mélanger les tomates, les anchois, l'ail, les olives, le persil, les câpres, l'origan, l'huile, le sel et le poivron rouge. Laisser reposer 1h à température ambiante.

2. Porter au moins 4 litres d'eau à ébullition dans une grande casserole. Ajouter 2 cuillères à soupe de sel, puis les pâtes. Bien mélanger. Cuire à feu vif, en remuant fréquemment, jusqu'à ce que les pâtes soient tendres. Réserver une partie de l'eau de cuisson. Égoutter les pâtes.

3. Mélanger les pâtes avec la sauce. Ajouter un peu d'eau de cuisson si les pâtes semblent sèches. Sers immédiatement.

Pâtes aux Crudités

Pâtes à la Crudaiola

Donne 4 à 6 portions

Le céleri ajoute du croquant et du jus de citron une saveur propre et légère à ces pâtes d'été faciles.

2 livres de tomates mûres, pelées, épépinées et hachées

1 gousse d'ail, hachée très finement

1 tasse de côtes de céleri tendres, tranchées finement

½ tasse de feuilles de basilic, empilées et coupées en fines lanières

½ tasse de Gaeta ou d'autres olives noires douces, dénoyautées et hachées

¼ tasse d'huile d'olive extra vierge

1 cuillère à soupe de jus de citron

Sel et poivre noir fraîchement moulu

1 livre de fusilli ou gemelli

1. Placer les tomates dans un grand bol avec l'ail, le céleri, le basilic et les olives et bien mélanger. Incorporer l'huile, le jus de citron, le sel et le poivre au goût.

2. Porter au moins 4 litres d'eau à ébullition dans une grande casserole. Ajouter 2 cuillères à soupe de sel, puis les pâtes. Bien mélanger. Cuire à feu vif, en remuant fréquemment, jusqu'à ce que les pâtes soient tendres. Égouttez les pâtes, puis mélangez-les rapidement avec la sauce. Sers immédiatement.

www.ingramcontent.com/pod-product-compliance
Lightning Source LLC
Chambersburg PA
CBHW071426080526
44587CB00014B/1754